自我管理思维随笔

郝昭成 著

中国税务出版社

图书在版编目（CIP）数据

自我管理思维随笔 / 郝昭成著. -- 北京：中国税务出版社，2017.12 (2020.6重印)
ISBN 978-7-5678-0653-5

Ⅰ. ①自… Ⅱ. ①郝… Ⅲ. ①自我管理学 Ⅳ. ① C936

中国版本图书馆 CIP 数据核字（2017）第 320176 号

书　　名：自我管理思维随笔
作　　者：郝昭成　著
责任编辑：刘淑民
特约编辑：育向荣
责任校对：于　玲
技术设计：刘冬珂
出版发行：中国税务出版社
北京市丰台区广安路 9 号国投财富广场 1 号楼 11 层
邮政编码：100055
http: //www.taxation.cn
E-mail: swcb@taxation.cn
发行中心电话：(010) 83362083/86/89
传真：(010) 83362046/47/48/49
印　　刷：北京天宇星印刷厂
规　　格：787 毫米 ×1092 毫米　1/16
印　　张：16.75
字　　数：198000 字
版　　次：2017 年 12 月第 1 版　2020 年 6 月第 5 次印刷
书　　号：ISBN 978-7-5678-0653-5
定　　价：42.00 元

绪 论

时间是哲学的永恒之谜。孔子说，“逝者如斯夫，不舍昼夜”。时间如流水，一去不复返，与之相对，是人生易老，生命有限。正是这无限与有限的对比，映衬出了人生的悲欢离合。当人意识到青春易逝、生命难续，从而更感受到时间的价值和宝贵。同时，也正是由于对有限生命、当下存在的珍视，人类不断探索追求，以实现对有限存在的超越，实现有价值的人生。

在中国的儒家文化传统中，由于没有外在超越的“神”存在，更激发了人们对时间、生命、价值、永恒等问题的思考，在无所归依中不断前行，自己给自己建立价值。《论语》中就反复强调这样的思想，“人能弘道，非道能弘人”“仁远乎哉？我欲仁，斯仁至矣”。人生来是没有价值的，但是必须建立价值，必须以自证的方式“向空而有”地建立起价值，以超越这宇宙无限、人生有限的生存本然，从而赋予“人”自足、自立、自证的无限可能。

如何“向空而有”地将这无限的可能性变成现实的世事人生，如何自己为自己建立价值？无论是修身、齐家、治国、平天下的进阶，“太上有立德，其次有立功，其次有立言”的三不朽，还是“了却君王天下事，赢得生前身后名”，无一例外地强调人生自我管理，强调从自身做起，然后“刑于寡妻，至于兄弟，以御与家邦”，可以说是一条由“内圣”到“外王”，由“仁”到“义、礼、智、信”的道路。曾子说：“士不可不弘毅，任重而道远。仁以为己任，不亦重乎？死而后已，不亦远乎？”而这条漫漫长路的起点，就是自立。所谓自立，又大致可以细化为立人、立世、立能、立律、立信这五个维度。孔子说，“政者，正也”“自正为正”“正人先正己”。在人生自立的管理中，“正”是标准，“正己”是基础，“自正”是前提，管理是始于“正己”终于“正人”的过程。一个“正”字，包含了政治的全部意义，伴随着自立的每一过程。以立为纲，以正为魂，以“正人先正己”“正己首自正”为主线，共同勾勒出自我管理的内在逻辑和基本程式。

一、立人思维——懂政治、懂业务、懂感情

一撇一捺方为人，笔画简单，但意蕴深远。甲骨文的“人”字，“象人侧立形，有头背臂胫也”，寓意会弯腰劳作的动物才称为人。《说文解字》说，“人，天地之性最贵者也”，认为人是天地间品性最高贵的生物。为什么呢？《礼记》认为，“故人者，其天地之德，阴阳之交，鬼神之会，五行之秀气也”。因此，人是天地万物中的根本。人之所以能成为“天地之心”，最为关键的是人有思想、有感情，能劳动、能干事。如果用数字来做比喻的话，做人好比是“1”，做事好比是“0”，做人是做事的基础，做事是做人的价值体现，对社会有益的事情做得越多，人生

的价值越会成倍地放大。立人思维其实是人本思维。人本的含义，首先是把人作为生产力的要素，重视调动人的积极性，发挥人的潜能；其次是在充分发挥人的价值的同时，真正关心人、尊重人、解放人和发展人，充分发挥人的创造性。

古代中国历来是政治本位的社会。学而优则仕是一贯的传统，达则兼济天下、穷则独善其身是文人士大夫为自己定下的座右铭。时至今日，说到立人，首先还是要懂政治，这是人生的“压舱石”，是安身立命的根本。政治并不是虚无缥缈的形而上学，而是无处不在、日用不觉的生活方式，是一种信仰、一种力量、一种追求。这种信仰和追求要落地，要发生作用，有赖于业务作为载体和手段。懂业务对于个人来说关乎生存发展，对于国家来说关乎荣辱兴衰。人，非生而知之者，乃学而知之者，懂业务需要付出艰苦卓绝的努力。无论是懂政治还是懂业务，根本都需要懂感情，这是立德的前提，是做人做事的基础。人们常说，中国是人情社会、礼仪之邦，人们都是被种种感情牵绊联系着——爱情、亲情、友情、师生情、爱国情，等等。感情作为一种纽带，将政治和业务联结起来，共同支撑起一个立体的人生。可以说，真正地懂政治、懂业务、懂感情，才能抓住灵魂安放的生活命题，才能抓住安身立命的人生要义。

二、立世思维——道德意识、法律意识、职责意识、协调意识、他人意识

常言道，为人处世。人生在世，须与人相处、与事相处、

与物相处，因此不可不讲求处世之道。这里面的核心是人的世界观、价值观和人生观。世界观是人对生活在其中的世界以及人与世界的关系的总体看法和根本观点，决定着人用什么样的眼光去看待与分析事物；世界观是与人的理想、信念有机联系的，它决定着一个人的价值观和人生观，决定着一个人的人生道路的目标、方向和对待生活的态度。马克思曾指出："人的本质不是单个人所固有的抽象物，在其现实性上，它是一切社会关系的总和。"每一个人从他来到世界的第一天起，就同周围的人建立起各种各样的社会关系，如亲缘关系、地缘关系、学缘关系、业缘关系、经济关系、政治关系、法律关系、道德关系等。人们正是在这种现实的、不断发展的社会关系中塑造自我，成为具有个性特征的自我。

人生天地间，为人就是处世，立人必须立世。哲学上说，存在决定意识，意识又反作用于存在。立世思维的关键就是要形成科学的意识。意识作为人的主观世界对客观世界的反映，包含很多内容。但在现代文明社会中，特别是对于国家机关工作人员来说，最为重要的是道德意识、法律意识、职责意识、协调意识、他人意识。道德是人们行为的准则和规范，它"源自于天，流之于人；内而为仁，外而为礼；体之在心，用之在行"。中国古语说，"天命有常，惟有德者居之"，又说"为政以德，譬如北辰，居其所而众星共之"。马克思说，"道德的基础是人类精神的自律"。道德意识从本质上说是一种自律意识，就是以道德规范为准则，情感上认同、行为上遵守，这样才是一个有道德的人。如果说道德是一种柔性的自律，法律则是刚性的他律。法律或者律法是治国之重器，是有国家强制力保障的行为规范总和，法律意识的核心是“法有禁止不可为”，唯有将道德自律与法律他律统一于个人行为的方方面面，才能真正地随心所欲而不逾矩，才能更好地履职担当、干事创业。梁启超曾说，人生须知负责任的苦处，才能知道尽责任的乐趣。当然，担当干事不可能是单枪匹马、包打天下，这就需要树立协调意识和他人意识。自觉从大局出发，从他人的角度考虑问题，尊重他人、理解他人、帮助他人，从而达到和谐共赢的目的。就一个人的立世而言，这五个意识相辅相成，互为补充，缺一不可。

三、立能思维——会学、会看、会干、会变

立人立世，能力是保障、是“硬通货”。正如北齐颜之推在其《颜氏家训·勉学》中所说，“积财千万，不如薄技在身”。立能思维就是以人为本，以能为要。能力是一个人生存发展的必要条件。人生天平上的砝码离不开能力，美好的生活靠能力实现，美好的未来靠能力创造。子曰，“吾十有五而志于学，三十而立，四十而不惑，五十而知天命，六十而耳顺，七十而从心所欲不逾矩”，从呱呱坠地到风华正茂，再到持重老成，每一个人生阶段，都伴随着能力的提升。能力也是社会发展的客观标志，从茹毛饮血、刀耕火种的石器时代，历经青铜时代、铁器时代，直至今天的信息时代，定义一个社会发展阶段特征的始终是生产力，也就是主观改造客观的能力，所以不论是“以物为本”，还是“以人

为本”，从本质上来说都是“以能为本”。

闻道有先后，术业有专攻，学业有专长，大千世界，职业行当浩如烟海，人不可能精通三百六十行，不可能胜任所有的工作。即使在机关工作，要做到事事洞明也殊非易事。但是一些基本功是必须掌握的，“四会”是提升能力的关键。“学而时习之，不亦乐乎”，会学，才能增长知识，明白事理，修学方可储能，这是基础；“莫看江面平如镜，要看水底万丈深”，会看，才能透过世象纷繁，抓住事物的本质，从而谋定而后动，达到事半功倍的效果；“纸上来得终觉浅，绝知此事要躬行”，实干、会干，才能将美好的蓝图一步步变为现实，才能在中流击楫、搏击风浪中总结提高，增强实力；“世异则事异，事异则备变”，会变，才能探索创新，与时俱进，才能于山重水复处得柳暗花明。会学、会看、会干、会变，这是互相联系的一个有机整体，其中会学是基础，会看是前提，会干是关键，会变是保障，共同支撑起立能的四维。

四、立律思维——强调自我、克服自我、改造自我、发展自我、超越自我

《论语·颜渊》曾记载了一段著名的对话：“颜渊问仁。子曰：‘克己复礼为仁，一日克己复礼，天下归仁焉。为仁由己，而由人乎哉？’”一直被历代奉为圭臬的克己复礼，强调的就是自律，只有克制人的情绪与欲望，只有返回到礼的状态下才能达到仁。成方圆靠“规”，成人才靠“律”，自律是根本。自己给自己设

律条、立规矩是一种思维方式，是一种修身成才的智慧，是一种追求成功的上策大计。立律思维就是律己修身的思维。“修身”“齐家”“治国”“平天下”是古人修身修为的目标和要求。一已不立，何以家为；一室不扫，何以扫天下。身、家、国、天下，由小到大，“自我”是理想大厦的奠基石。“基础不牢，地动山摇”，倘若不提高自身素质，不加强自身修养，事业的大厦建得再高、再雄伟，也迟早要倾覆。生活中，这样的经验和教训不胜枚举。

自律的前提是自信。人，崛然立于天地之间，本就该有舍我其谁的担当和一往无前的力量，只有具有自我意识、具有强调自我的意识，才能自信自强。自律的基础是克服自我。古语有云，自胜者强，自知者智。通俗地说，人贵有自知之明。每一个人都要不断地扬长避短，弃短取长。同时，还要注意克服自己的情绪和欲望，这些都是自律的内在要求。自律的关键是改造自我。在人生的舞台上，每一个人都要努力成为一个积极主动的人。这就需要制定自己的人生目标，敢于追求，敏于行动，并在这个过程中，虚心听取各方的批评与建议，不断地改造自己的主观世界和客观世界，重塑自我，改造自我。自律的核心是发展自我。要通过克服自我、改造自我来提升素养，提升能力，提升视野，提升境界，通过不断完善自我，展示自我，全面提高自己的素质。自律的目标是超越自我。自律的最高境界就是，当你做出了一个决定，你一定会朝着目标坚定前进。通过不断超越目标、超越自我、超越情绪，成就自我新境界，实现自己的人生价值。总之，就是要从强调自我中得到自信，从克服自我中得到坚强，从改造自我中得到完善，从发展自我中得到进步，从超越自我中得到升华，这样我们在人生的道路上就将无往而不胜，实现“自立立人、自达达人”的发展目标。

五、立信思维——靠品德凝聚人、靠制度管理人、靠能力折服人、靠成绩鼓舞人、靠思想教育人、靠实践锻炼人

“信”，是一个典型的会意字，从人从言，取义人言无不信者，可见“信”作为一种品质，已经被内化为人的原始要求，“人而无信，不知其可也”，甚至将“信”作为人之为人的先决条件。尾生抱柱，至死方休；商君变法，徙木立信；烽火戏诸侯，终致亡家国。古往今来，小到个人大至天下，讲信用是最起码的准则，无信无以立，所以曾子才说：“吾日三省吾身，为人谋而不忠乎？与朋友交而不信乎？传不习乎？”“信”被置于极端重要的位置上。在中国传统文化里，诚信也被认为是治理天下的关键。《礼记》述天下纲要，开宗明义即谈到了“信”，“大道之行也，天下为公，选贤与能，讲信修睦”。立信思维就是做到令人信服的思维。“得黄金百，不如得季布一诺”，让人相信，使人佩服，是每个人都渴望的一种高层次的心理需求，也是我们攀登成功顶峰的基石。让人信服的方式有很多种，靠武力、耍权威、玩手腕，或许可以在一时一事一地让人口服，却难做到令人心服；或是半心半意地服，或是暂时地服，却不能实现长久地服。这就需要我们每一个人在生活中处理好私信与公信、内信与外信、小信与大信等方面的关系，唯有以品德、以制度、以能力、以思想、以实践，内外

皆修，标本兼治，才能凝聚人、管理人、鼓舞人、教育人、锻炼人，才能让自己认识自己、群众认可自己、同事尊重自己、领导赏识自己。

本书以自我管理（自立）为核心，从立人、立世、立能、立律、立信五个维度出发，阐释了自我管理（自立）的基本思维和基本方法。全书共分23节：1. 懂政治——立命；2. 懂业务——立身；3. 懂感情——立德；4. 道德意识——自律；5. 法律意识——他律；6. 职责意识——担当；7. 协调意识——合作；8. 他人意识——利他；9. 会学——生活基础；10. 会看——谋而后动；11. 会干——总结发展；12. 会变——改革创新；13. 强调自我——自信；14. 克服自我——扬弃；15. 改造自我——重塑；16. 发展自我——上进；17. 超越自我——奉献；18. 靠品德凝聚人——魅力；19. 靠制度管理人——给力；20. 靠能力折服人——实力；21. 靠成绩鼓舞人——动力；22. 靠思想教育人——引力；23. 靠实践锻炼人——能力。

以上基于自我管理思维而提出的“五立”思维，与其说是一个理论逻辑体系的构建，不如说是缘于学习、工作、生活、实践的个人感悟思考的归纳，如能对读者有所启发、有所帮助，则幸莫大焉。

目 录

1. 懂政治——立命

没有正确的政治观点，就等于没有灵魂。

懂政治是人生航船的压舱石，是安身立命的根本

人的生命由肉体和灵魂组成。肉体即自然生命，是自己不能自主选择的先天之命；灵魂即精神生命，是自己可以自主选择的后天之命。政治是灵魂，魂在命在。

政治与经济、文化、社会相依相存、相融相助，紧紧团结、拥抱在一起。没有无政治的经济、无政治的文化、无政治的社会，也没有无经济的政治、无文化的政治、无社会的政治。政治是生命线，人的政治生命与其社会存在紧密相连。

政治关系无处不在，小到家庭，大到世界，总是客观、真实地存在于人的周边，不以人的好恶态度为转移、分远近，始终富有极强的生命力。

人的自然生命是壳，人的精神生命是魂。政治是精神之魂，魂有

灵，灵在魂在，有的人自然生命死了，精神还活着；有的人自然生命活着，政治生命却死了。

毛泽东说："没有正确的政治观点，就等于没有灵魂"（毛泽东：正确处理人民内部矛盾）。习近平说："对马克思主义信仰，对社会主义和共产主义的信念，是共产党人的政治灵魂，是共产党人经受任何考验的精神支柱"（2012年11月7日，习近平在十八届中共中央政治局第一次集体学习时的讲话）。懂政治，就是懂得政治是生命、是灵魂、是生命线、是生命力的伟大意义。生命诚可贵，意义价更高。生命的意义，在于倾听自己心灵的声音，在于把准自己心动的脉搏，在于走好自己脚下的步伐，努力做身心健康的自己，做最精彩的自己。

政治是什么？词典解释：政治是政府、政党、社会团体和个人在内政及国际关系方面的活动。政治学解释：政治是人民群众将自己的权力出让出来，委托给公共机构及其人员代为行使。政治家又有各自的说法。孙中山说，政治就是管理众人之事；毛泽东说，政治就是把我们的人搞得多多的，把敌人搞得少少的。马克思说，"人们为之奋斗的一切，都同他们的利益有关""思想一旦离开利益，就一定使自己出丑"。也就是说，政治是最大多数人的利益，是老百姓的利益。历史事实证明，政治是经济、文化、社会的生命线，政治目标与老百姓的利益相联系。联系得好就成功，联系得不好就失败。可见，社会要讲政治，他人要讲政治，自己要讲政治。讲政治首先就要懂政治。

政治是生命。政治生命即精神生命，主管信仰，负责方向。"举什么旗走什么路"的选择，"我是谁、为了谁、依靠谁"的回答，就是精神立命。精神立命不是天生的，也不是自发的，是在生活实践中自我不断选择、校准和增强的。精神立命是"绝对要求"。在个人利益与公共利益之间如何判定选择，在现实要求和能力水平之间如何弥补填空，在性格、思维、行为等方面的差距如何认知改正，最终都要通过精神立命“绝对要求”的考核、考验。一个人丢了精神生命就如同一条船迷失了航向，找不到人生抵达的光明彼岸。一个人品质和价值高度的标注，不是物质的满足，而是精神的富有。“物欲的追求与心灵的追求乃是天平的两端，一个有慧心的人自然可以找到既可充饥又好吃的面包”。世上没有单翅的鸟，物质无虞，精神充盈，乃是人生的一对“翅膀”。心中若只有物质闪光，是没有精神立命的人。

政治是信仰。信仰是灵魂，信仰有生命力。《辞海》解释：信仰是对某种宗旨、某种主义，极度信服、尊重和崇拜，并奉为言行的准则。古人云：信犹明也，信之不欺；仰犹恃也，信之弥高。哲人说：信仰是一种伟大的情感，一种创造的力量。邓小平说：“对马克思主义的信仰，是中国革命胜利的一种精神动力。”（邓小平：建设有中国特色的社会主义）。中国之所以能够“站起来”“富起来”“强起来”，中国共产党人之所以能够经得起“钢铁炮弹”“糖衣炮弹”的生死考验，是信仰马克思主义的结果，是信仰为人民服务宗旨的结果。信仰，大于天，重于命。为了信仰不要命，丢了信仰要了命。这是信仰的力量，也是人生的规律。共产党人为信仰而生，为信仰而死，否则就不要当共产党人！

政治是力量。列宁说：“没有革命的理论，就不会有革命的运动……只有以先进理论为指南的党，才能实现先进战士的作用”（列宁：怎么办？我们运动中的迫切问题）。政治通过理论、思想武装头脑、支配行动，具有凝聚力、领导力；政治通过理想、信仰，选择、确立、校准价值观，具有核心力、决定力；政治通过思想体系、组织、路线，建立、更替政权，实现、维护利益，具有颠覆力、创造力。真正的力量，首先发自内心，心胜则兴，心败则衰。最大的政治是人心，最强的力量也是人心。

懂政治“立命”，就是还原政治是生命的本身价值，就是还原信仰是生命的灵魂，就是还原“实现信仰不要命，丢了信仰要了命”的本真道理。信仰管不了一个人“怎么生”，却能管得了怎么“活”、怎么“死”。比如，有的人“立命”为人民服务，就能“权为民所用、情为民所系、利为民所谋”，活得阳光，活在人民心里；死也死得其所、死得光荣。而有的人“精神缺钙”，活得没骨气，因贪而败，虽生犹死，遗臭万年。政治明白、信仰纯粹，折射出灵魂高贵、人格伟岸；政治糊涂、信仰缺失，促使人性堕落、精神垮塌。也许有的人会说：我没有信仰，我不需要信仰。其实懂政治立命，不是有没有、要不要的问题，而是人生必选、必答、必须面对的问题。

懂政治就要懂得社会是要讲政治的

政治是社会不可或缺的重要组成部分。政治与经济、文化、社会相存相融，相辅相成，高度关联，互为依托，谁也离不开谁。政治是生命线。

没有无政治的经济，也没有无经济的政治。“政治权力不过是用来实现经济利益的手段”“政治是经济的集中体现，它产生于一定的经济基础，并为经济基础服务，给经济的发展以巨大的影响”，政治与经济实现利益的方式和层次是不同的，在现代社会里，既不能用政治权力取代经济交换的秩序，也不能用经济交换侵蚀政治权力的运用，否则都会带来社会混乱和罪恶。

没有无政治的文化，也没有无文化的政治。“观乎天文，以察时变，观乎人文，以化成天下”，文化本来就是一个民族的整体生活和价值系统，政治同样是文化的一部分，“国之大事，在祀与戎”，与政治有关的典章制度、仪式风俗，在历史的裁汰下，都逐渐积淀为民族文化的一部分。同样，在政治本体主导的中国社会中，政治本身也逐渐被“文化化”，不再仅仅是血雨腥风的政治争斗、波诡云谲的江湖谋略，而是成为一种文化，有儒家的王道仁政、有法家的缘法而治、有道家的自然无为，有墨家的兼爱非攻……

没有无政治的社会，也没有无社会的政治。国家政治体制的选择有“民主共和制”“君主立宪制”“三权分立制”“中央集权制”等，社会制度的选择有“资本主义”“共产主义”“社会主义”“特色社会主义”等，这都是政治取向决定社会性质的选择。社会要讲政治，但不是把所有的事情都“政治化”，或都“去政治化”，而是把政治作为生命线，强调政治意识、政治智慧、政治辨别力，是什么就是什么，是什么就解决什么，“不唯上、不唯书、只唯实”，使政治这股特殊力量，始终实事求是地流淌着、较量着、胜利着。

懂政治就要懂得别人是要讲政治的

在国际税收领域，考量有害税收竞争标准，政治居然成为十分重要的要素。1988 年，经济合作与发展组织（OECD）发布“有害税收竞争”报告，将低税或无税作为判定国际避税地的主要特征。但很快发现“低税”特征在其组织内成员国中也存在。因此，又增加有无税务信息交换这一特征。从理论上讲，以这一特征作为判定避税地标准是不完整的，但它却具有政治上的可行性——可以涵盖那些小型国家

（如一些岛国），而避免牵扯同样进行国际税收竞争的大国（如美国、英国也存在特别税收优惠制度）。于是，所谓的反有害税收竞争，实质上只剩下推动“避税天堂”的信息透明化这一项任务。

即使是在与政治看似泾渭分明的竞技体育领域，也与政治有着千丝万缕的联系。2012年伦敦奥运会自行车女子团体竞速赛中，中国自行车队因为“莫须有”的犯规，金牌变成了铜牌。英国自行车队却通过“假摔”获重赛机会，最终夺取金牌。“历史告诉我们，奥林匹克运动中始终存在着政治，不可能没有政治！”正如国际奥委会前主席萨马兰奇所说，奥运会也无法与政治斩断千丝万缕的联系。

体育如此，在国际意识形态斗争中，政治更是一个政党、一个国家的生命线。淡忘政治、不讲政治，最终造成了曾经无比强大的苏联一夜之间分崩离析，留给世人无限唏嘘。英国铁娘子撒切尔夫人曾在其题为《我们是怎样瓦解苏联的》的一篇演讲中这样说道：

> 苏联是一个对西方世界构成严重威胁的国家。我指的是经济。其国民生产总值增长率过去比我们高出一倍。如果再考虑到苏联丰厚的自然资源，如果加以合理地运营，那么苏联完全有可能将我们挤出世界市场。因此，采取故意“泄露”、夸大我们拥有核武器数量的手段，将其拖进军备竞赛。结果，苏联军费预算达15%，而我们是5%左右。这自然就造成了苏联紧缩生产居民大众消费品的投入，希望借此引发居民大规模的不满。我们的另一重要政策是利用苏联宪法形式上允许任何一个加盟共和国（只需凭着共和国最高苏维埃的简单多数）只要有意即可迅速脱离苏联的漏洞。遗憾的是，无论如何努力，苏联的政治形势长期保持十分稳定。后来我们（主要是美国）出台了一项重要

政策，就是建立反导弹防御体系。目的是希望苏联同样建造类似高造价的系统。惋惜的是，苏联政府没有采取行动，只是限于发表政治抗议。我们由此陷入了困境。不过，很快便得到情报，说苏联领袖逝世后，经我们帮助的人可能继任，借助他能够实现我们的想法。这个人就是米•戈尔巴乔夫。他与苏联政界大多数精英关系良好，因此，通过我们的帮助，他能够掌握大权。“人民阵线”（指米•戈尔巴乔夫执政的苏联后期，以“求主权、谋独立”为旗号的民族政治势力的组织）的活动不需要太大的花费，主要是一些复印、印刷设备的开支和对骨干的资金支持。而支持苏联矿工长时间罢工的花费要多得多。推举叶利钦作为“人民阵线”的领袖，进而成为俄罗斯领导人（以和苏联领导人米•戈尔巴乔夫对抗）。叶利钦当选俄罗斯最高苏维埃主席后，随即便通过了俄罗斯主权独立宣言。在1991年“8•19”事件期间，我们也给叶利钦以极大的支持。其余所有的苏联加盟共和国，借机宣布自己的主权。这样一来，事实上现在苏联已经解体了，不过在法律上苏联还存在。我负责任地告诉诸位，不出一个月的时间你们就会听到法律上苏联解体的消息。

演讲的时间是1991年11月。后来发生的事，大家有目共睹。

懂政治就是懂得自己是要讲政治的

政治生命好比是一条路。这条路，蕴含着睿智与胆识的抉择，延伸着梦想与希望的追求，也记载着历史的曲折与辉煌。

2017年2月13日在省部级领导干部学习贯彻党的十八届六中全

会精神专题研讨班开班式上，习近平总书记提出“必须旗帜鲜明讲政治”这一重要论断，“我们党作为马克思主义政党，必须旗帜鲜明地讲政治，严肃认真开展党的政治生活。讲政治，是我们党补钙、壮骨、强身健体的根本保证，是我们党培养自我革命勇气、增强自我净化能力、提高排毒杀菌政治免疫力的根本途径”。

2017 年 2 月 15 日《学习时报》刊登了作者辛鸣的一篇文章，题目是《政治是一个灵魂》，《求是手机报》的摘编是：

政治问题是根本性的大问题

信仰什么、追求什么、倡导什么是政治，我是谁、依靠谁、为了谁是政治，举什么旗、走什么路是政治，维护中央权威、向核心看齐还是政治。至于说“政治是集中了的经济”“战争是政治的继续”等这些早已为实践反复证明的颠扑不破的至理名言，更凸显政治之“大”、政治之“要”。习近平总书记讲，“得其大者可兼其小”。把握了政治之“大”，纲举目张，我们党清风气正、团结统一，充满生机活力，党的事业就蓬勃发展。反之，就弊病丛生、人心涣散、丧失斗志，各种错误思想得不到及时纠正，给党的事业造成严重损失。

不搞政治挂帅，却不能丢掉灵魂

执政，执的是“政治”；治国理政，理的也是“政治”。一定要坚持从政治上观察问题，从政治上思考问题，从政治上解决问题。比如，现在大家对腐败问题很警觉，其实政治上出了问题，对党的危害不亚于腐败问题，甚至比腐败问题更严重。而且腐败问题从来不是也不会是单纯的腐败问题，背后往往伴生或大或小的政治问题。党的十八大以来，我们党之所以形成反腐败斗争压倒性态势，就是因为始终从政治的高度认知腐败，从政治的高度反对腐败。

讲政治不是空喊口号

如果中国共产党领导核心地位越来越巩固，党中央权威得到很好维护，党的组织更加严密、党的纪律更加严肃；如果我们党的自我革命的勇气有了大提升，自我净化能力有了大增强，排毒杀菌的政治免疫力有了大提高；如果“五位一体”总体布局不断完善，“四个全面”战略布局协调推进，新发展理念深入贯彻见诸实践，中华民族伟大复兴的中国梦离我们越来越近，我们的政治就讲到了位。

讲政治不是玩弄政治游戏

对中国共产党来说，民心是最大的政治，是否得民心是政治讲得好与坏、对与错的最高标准。中国共产党的政治是体察民情、反映民意、顺应民心的正大光明，是不断增强最大多数人民群众获得感、幸福感的身体力行，不是见风使舵的“投机政治”，不是谋取私利的“金钱政治”，更不是少数人玩弄的“寡头政治”“政客政治”。

要有讲政治的能力

不会讲政治、讲不好政治不仅帮不了忙还会添乱。习近平总书记要求领导干部特别是高级干部“使自己的政治能力与担任的领导职责相匹配”强调的正是这一点。对于领导干部来说，加强政治历练，积累政治经验，自觉把讲政治贯穿于党性锻炼全过程，是提高政治能力的不二法门。

讲政治要源于懂政治。“亚里士多德说过，人是一种天生的政治动物。人类的经济活动和政治活动不过是人与人社会关系的两个必然联系的层面。从系统原理上讲，小到家庭，大到世界，政治关系无处不在，且成为经济系统运行的环境。”[①]“船速不取决于木材种类，而在于舵手和风向。”走什么路、怎么走，根本在懂政治，关键在懂自己，懂精神立命的价值。

懂政治，首要的是面对“实事”。毛泽东说，“实事”就是客观存在着的一切事物。政治就是“小到家庭，大到世界”的客观存在的“实事”。既是“实事”，就要面对。正如梁衡在《浅说什么是政治》[②]一文中所说：“对一般人来说，也不要鄙视政治，不要存偏见。不要与己无关，高高挂起，不要以远离政治为清高，不要把政治家都看成阴谋家。政治毕竟是大事，是大家的事、国家民族的事，天下兴亡，匹夫有责。而且我们的生活的好坏，确实也脱离不了时局，脱离不了政治。现在，人们议论政治改革、经济改革，包括议论物价、治安、环境等，这说明人们心里还是有政治，从来也没有忘记政治。”事物是相对的，不能“非黑即白”，应该“实事”面对政治、实践政治。

懂政治，核心的是面对“求是”。毛泽东说，“是”就是客观事物的内部联系，即规律性，“求”就是我们去研究。比如怎样认识美国，《金融僭主世袭是美国政治实质》[③]一文认为，美国“三权分立、

---

① 昆仑岩. 企业家怎能不讲政治［N］. 环球时报，2014-09-23.

② 梁衡. 浅说什么是政治［J］. 河北企业，2013（11）.

③ 丁进. 金融僭主世袭是美国政治实质［J］. 红旗文稿，2012（16）.

决策较为公开透明、两党轮流执政等”政治特点，“只是描述了美国政治的皮相，美国政治的实质是金融僭主世袭体制，纽约美联储世袭股东，才是幕后的权力核心，华盛顿的美国总统只是在世界活跃的一个表演者”。美国政府“幕后的权力核心”制定的战略，“其最终目标有可能是废除各国主权，实现全球统一，建立以西方社会为主导的以世界政府、世界银行为特征的世界新秩序，而中国将是他们实现这一目标遇到的最大障碍”。因此，实在是需要政治“求是”，增强政治警醒，警醒别人“我要跟你讲政治”，绝不能麻木不仁，束手待毙。更需要增强政治意识，懂政治、讲政治、用政治。

懂政治，关键的是面对“博弈”。政治利益的存在决定了政治博弈的存在。《美国法官讲政治》[①] 一文说，人们以为法官审案不应当讲政治，至少美国的法官审案不讲政治。遗憾的是，很多情况下，法官独立并不能保证诉讼不受政治影响。2000 年美国总统大选，小布什和戈尔就选票的有效性发生争执，两党相持不下，只得由美国最高法院裁决。裁决时大法官们以党划线，保守派大法官支持小布什，自由派大法官支持戈尔，泾渭分明，水火不容。可以说，就此案而言，法院审判是用比较文明的方式讲政治。因此，布什与戈尔的选举纷争是美国法官讲政治的典型范例。

船的力量在帆上，人的力量在心上。面对政治博弈，坚守信念——道路自信、理论自信、制度自信、文化自信；纯粹信仰——顶住“硬”的，挡住“软”的，识别“颜色（革命）”的，朝着共产主义一代接一代地走下去，走向胜利。物质不灭。宇宙不灭。唯一能够与天穹比阔的是精神。

---

① 朱伟一. 美国法官讲政治［N］. 中国剪报，2012-06-08.

2. 懂业务——立身

落后就要挨打。

懂业务是人生航船的“发动机”，是立身社会的资本

业务是各行各业技能的统称。懂业务是有本事、有本领、有能力、有能耐、有“一技之长”、有“两把刷子”的代称；懂业务是有才技、有才能、有才华的美称；懂业务是“大家”“大师”“大匠”“绝活”的爱称。“代称”“美称”“爱称”都是一个人应该获得的“职称”，更是一个人立身之本应有的身份证明。

“活下来”，生存，是人生的第一需求，具有普遍性的意义。一个人从呱呱坠地开始就会哭，哭是生存的本能。“会哭的孩子有奶吃”，就是学会了活下来的技能，上升到了懂业务的层次。“活下去”，发展，是人生的第二需求，具有渐进性的意义。“世上人人学长年”，一个人是从学生活、学文化、学情商、学智商的技能中，渐进发展上升到“术业有专攻”的业务层次。“活得好”，创新，是人

生的第三需求，具有创造性意义。“不破不立”，人类从发明火种刀耕开始，走过了农业时代、工业时代，进入了互联网时代，时代的进步，是破与立的创新进步，是懂业务进入创新的层次。

一个人的业务能力，上升到了“懂”的层次，需要注意两忌：一忌低水平的努力。“自有仙才自不知”，大器晚成的人都是努力之后“自知才”。其实，努力也是需要“懂”的，不然就会跌进低水平努力的陷阱。二忌知道主义。每个人业务能力的提升，始于学习和积累，但不能满足于“知道主义”，而要懂“知道”的内涵，不能瞎子摸象、以偏概全，也不能浅尝辄止，似懂非懂。一个人是否做到了懂“努力”、懂“知道”，还是要靠自己认识自己、自己了解自己。这是哲学道理，更是实际需要。

懂业务，就是要有生存、发展、创新的意志和本事；就是要有“大家”“大师”“大匠”的追求和能力；就是要有能驾驭但不任性的雄心和“绝活”。平静的湖面练不出精悍的水手，安逸的环境造不出时代的伟人。

懂业务关乎生存生活。活下来、活下去、活得好，是人生最起码的追求，而懂业务是实现这个追求的保证。“如果技能与谋生无关，如果知识不用来生存，如果它不是通往美丽新世界的桥梁，那么，它有什么用？”“学门手艺，一辈子有饭吃”“三百六十行，行行出状元”，这些格言和俗语，都是在说，懂业务是生活的技能、活好的本事。只不过强调“手艺”是学出来的，“状元”是干出来的，否则就是“干啥啥不行，吃啥啥不剩”的“造粪机器”，迟早会被优胜劣汰的自然法则所淘汰，被毫不留情的竞争激流所淹没，没有立身之地。生存、生活、发展是永恒的主题，懂业务是永远的需要。

懂业务关乎前途命运。一技之长、一项之强、一业之能，说的都是个人层面懂业务的水平，它可能决定、影响一个人一生的命运前途。而硬实力、软实力，则是衡量国家层面懂业务的水平，各行各业的科技水平，影响、决定着国家的前途命运。历史上中国曾以发明火药、指南针等引领世界科技，近代开始落后，需要更多的“学习”，中华民族是善于学习的，一直在奋起。国家前途、个人命运都掌握在每个人这双“懂业务”的手中。

懂业务关乎时代进步。人类从“狩猎捕鱼”到“刀耕火种”，从“工业革命”到“互联网＋”，科学技术的革命、革新引领了时代的进步，冲击了人类的思维，改变了人的生活习惯，特别是人与人、人与社会的关系。1492 年哥伦布发现新大陆，开启了资本主义勃兴的序幕；18 世纪中叶开启的工业革命，缔造了日不落帝国英国不可一世的世界霸权；以互联网、原子能为代表的第三次科技革命，给人类插上了迈向后工业时代的“翅膀”。如今，新的科技革命又蓄势待发，等待我们的又是怎样不可思议的明天呢？但是，未来再美好，也需要双手去缔造。科技业务水平靠钱买不来、靠市场换不来，只有靠自己创新驱动、发明创造，才能走进新时代，引领新时代。

懂业务立身，就是凭借一技之长，立足一席之地，不吃白饭、不吃闲饭，凭双手创业，靠勤劳致富。懂业务立身，就是凭靠“两把刷子”为人民服务，“我为人人”有能力，“人人为我”有本事。懂业务立身，就是凭靠行家里手的本事、本领，服务、回馈社会，有什么本领就干什么事情，有多大本事就做多大成绩。懂业务立身，就是凭靠“十八般武艺”的能耐、能力，抗击天灾人祸，保家卫国，引领“知识爆炸”时代的发展。以新知识、新智力，应对越来越快的知识“保质期”、思想“折旧率”、能力“迭代率”，甩掉人生只充一次电的旧时代，走进“高效蓄电池”的新时代，不断充电、持续释放新的“业务”能量。

对于一个国家来说，更要靠“懂业务”立国

让我们把时针拨回到20世纪50年代初战火纷飞的朝鲜半岛：

1950年10月11日上午，周恩来飞抵苏联同斯大林会谈。斯大林指出：“可以完全满足中国抗美援朝所需要的飞机、坦克、大炮等军事装备，但是，苏联空军尚未准备好，须在两个月或两个半月内才能出动。”斯大林表示的暂不出动空军到朝鲜掩护志愿军的态度，是毛泽东等中共领导人始料未及的。10月14日，在得到苏联政府对援助中国的军事装备将给以信用贷款和将出动16个团的喷气式飞机掩护中国志愿军的答复后，周恩来致电斯大林，进一步提出8个问题请求答复。其中有：“苏联空军在出动16个团的喷气式飞机之后，可否继续出动轰炸机至朝鲜配合中国军队作战？”但是，就在极为关键的时刻，斯大林却从维护苏联自身战略意义，即避免同美国发生全面的武装对抗的立场出发，改变主意，指示莫洛托夫转告周恩来：苏联现将只派遣空军到鸭绿江北岸的中国境内驻防，两个月或两个半月后也不准备进入朝鲜境内掩护中国人民志愿军作战。鉴于斯大林最后虽不同意出动苏联空军掩护志愿军入朝作战，但毕竟答应给中国提供军事援助，会议正式决定中国人民志愿军于19日入朝作战。在1950年10月到1951年5月的7个月里，中国人民志愿军同朝鲜人民军并肩作战，五战五捷，共歼敌23万多人，其中美军8万多人，把敌人从鸭绿江边打回到“三八线”附近，粉碎了敌

人侵占全朝鲜的迷梦。三年多的抗美援朝战争，共歼灭敌人109万多人，其中击毁击伤敌机12000多架，击沉击伤敌舰艇250余艘，击毁击伤敌人坦克2600多辆、汽车13000多辆，取得了具有世界历史意义的伟大胜利。①

“打破神话”的战争令人感悟：没有简单的战争，只有复杂的政治。军事打仗业务“应知应会”是简单的，“情感智力”业务是复杂的。能打，会打，“胜者王”。赢得有硝烟的战争，需要懂业务；赢得没有硝烟的战争，同样需要懂业务。

“即使当了裤子也要把原子弹搞出来”②

1955年1月15日，中共中央正式做出了发展原子能事业的战略决策。后来，毛泽东还多次强调：“我们进入了要钻研原子弹这样的历史新时期，我们要有自己的原子弹，在今天的世界上，要不受人家欺负，就不能没有这个东西。”在中共中央做出这一决策的时候，美、苏拥有核武器的大国对中共采取两种不同的态度。美国继续用原子弹恐吓中国；苏联则同意在和平利用原子能方面提供给中国一座实验性反应堆和一个回旋加速器。1月31日，周恩来在国务院系统动员会上说：“对于中国来说，这是个新问题。现在是原子时代，原子能不论是用在和平或者用于战争，都必须懂得才行。我们必须掌握原子能。”对于苏联的援助，周恩来代表党中央一开始就指示我国的科技

① 汪洋，黄剑桥. 国史经典［M］. 北京：中国经济出版社，1998：1183-1187.
② 汪洋，黄剑桥. 国史经典［M］. 北京：中国经济出版社，1998：1316-1320.

工作者：既不能无限期的依赖苏联专家，更不能放松对苏联和其他国家的先进科学技术进行最有效的学习。根据这一指示，我国在创造原子能事业的初期，就非常注重自力更生，充分发挥我国科技人员的积极性，培养自己的设计和设备创造能力，自己动手制造有关的精密设备、元件。正当我国科技工作者在信心十足地创建中国的原子能事业时，1959年6月，苏联政府单方面撕毁了关于援助中国和平利用原子能的协定：1960年8月，苏方撤走全部专家，并带走了重要的图纸资料，停止供应设备材料，给正在建设的中国核工业造成了巨大的损失和严重的困难。有些外国人认为这是一个“毁灭性的打击”，断言中国“20年也搞不出原子弹来”。针对这一情况，周恩来在1959年7月提出：不理他那一套，自己动手，从头摸起，准备用8年搞出原子弹。陈毅也风趣地说：即使当了裤子也要把原子弹搞出来。毛泽东也早在头一年就预言：“搞一点原子弹、氢弹、洲际导弹，我看有10年功夫完全可能。”在这紧要关头，中央决定完全依靠自己的力量发展原子能事业。我国的核工业迅速实行了全面自力更生的重大转变。1962年10月16日，第一颗原子弹爆炸成功了！第一片蘑菇云的升起，中华民族精神为之大振。世界友好国家和人民，纷纷向我国表示祝贺和支持，普遍认为：中国有了原子弹，使世界力量对比发生了变化，有力地打击了少数大国垄断核武器的阴谋，从而使亚洲和世界的和平得到了保障。

历史告诉我们，先进的科学技术可以引领时代，改变世界，谁掌握了尖端科技，谁就能在激烈的国际竞争中赢得主动。人家有，就先进，你没有，就落后，而落后终究要挨打。而“科学的问题来不得半点虚假”，有就是有、没有就是没有，“爹有娘有不如自己有”，自己有本事、有实力，才能保安全、受尊重。虽然通往科学的道路上不会一马平川，也免不了荆棘磕绊，但“世上无难事，只要肯登攀”，任何困难都会在自力、齐力、智力面前低头。实力的本事，要有，要不断有，要永远有。

2002 年 11 月 22 日，政协第九届全国委员会常务委员会第十九次会议闭幕会上，当时的中共中央政治局常委、全国政协主席李瑞环在自己的卸任演说上，曾深情地回忆自己的学习岁月：

> 我出生在农村，许多农活都干过。17 岁时到北京做小工，一次偶然的机会学上了木匠。我就这样从一个普通的木匠开始，一步步成长为党和国家的领导干部。50 多年的工作过程中，我没有赶上真正脱产学习的机会。我的初中、高中和大学的课程，我的文化知识、建筑专业知识和社会科学理论知识，几乎都是利用业余时间自学的。我是一个劳模，还是一个突击队长，不脱产还得多干活，学习的时间只能从比别人更少的休息时间去挤。那时的工棚是通铺，你要在工棚里点灯看书，别人就没法睡觉。夏天比较好办，冬天只好穿上棉袄、大头鞋，戴上口罩，到路灯底下去学习。算计时间，节省时间，合理利用时间，成了我一生的习惯。对我来说，从来没有无用的时间，包括零碎的时间。……

短短数语，娓娓道来，虽朴实无华，却发人深省：知识和技能都是学而知之，不是生而知之；学海无涯，苦作舟、勤为桨、思做帆，才有可能到达彼岸。风帆，挂在桅杆上，才是一块有用的布；桅杆，不挂上风帆，只是一根平常的柱；理想，付诸行动才是通往新世界的路，否则就是虚无缥缈的雾。但通往新世界的路上，往往是充满风险和挫折的。

曾经连任四届美国总统的罗斯福，在二十多岁的时候，因跳进冰冷的河水中救人而患上骨髓灰质炎，因此，不能站立行走，对事业失去了信心和勇气。后来回家乡休养，在河边钓鱼时认识了一个木匠。木匠坐在一个四条腿的板凳上对罗斯福说："我平生做得最好的就是木椅，你看这把怎么样？"罗斯福看了以后觉得的确无可挑剔，但却说，要是这把椅子缺一条腿还能站住吗？木匠第二天果然带着一把三条腿的椅子，并稳稳地坐在上面。罗斯福冷冷地说："如果再缺一条腿还能站住吗？"木匠下午果真带来一把两条腿的椅子，每条腿底部都钉上了一尺长的横木，像两只脚一样，站在地上稳稳当当。这回罗斯福说不出话来。第三天，木匠竟然带来两把都是一条腿的椅子。一把椅子的腿极粗，像木墩一样，站在地上稳稳当当。另一把椅子的腿极细极长，端部尖尖的，木匠用锤子把椅子钉进地里一半，然后坐上去，椅子竟然一动不动。罗斯福用惊愕的眼光看着木匠和两把椅子。木匠得意地说："你看，一条腿的椅子都能站住，要是没有腿那还站得更稳呢！"此时此刻，罗斯福以手撑地，艰难地站起来，对着木匠深深鞠了一躬，说："谢谢你，是你让我重新站了起来！"罗斯福从此真站起来了，而且站得更高。但支撑他的不是残腿，而是一种向上的精神。这种精神成就了他一生的辉煌。[①]

罗斯福的故事告诉人们，对待挫折，自卑的人看到的是阻力，乐

① 李雪峰. 让孩子受益一生的抗挫故事全集——哈得孙河畔的椅子［M］. 上海：华东师范大学出版社，2009.

观积极者看到的是动力。它也告诉人们，生存，既需要物质，更需要精神，精神世界的情感智力“业务能力”，有时是第一位的，也是第一需要的。

《市场经济前夜：一个通天的小材料》[①] 讲了这样一段往事：

1990 年 10 月，在改革被质疑究竟是“姓社”还是“姓资”、市场经济被视为资本主义的风口浪尖上，刚调任国家体改委主任两个月的陈锦华，按毛主席“纲举目张”的思想，意识到要“计划”还是要“市场”，才是中国改革的主要矛盾，是改革开放 10 多年后一道无法回避、必须面对的坎。基于那时“市场经济”四个字已成为政治上的敏感区，陈锦华布置搞两份材料，一份是国内关于计划经济与市场经济的讨论，另一份是国外对二者的研究与实践。这后一项布置给了国外经济体制司副司长江春泽。江春泽时年 55 岁，是两年前由中国社会科学院世界经济所苏联东欧研究室主任调到体改委的。她会俄语、英语、塞尔维亚语，是位学者型官员，是国内比较经济体制学的开创者之一。江春泽为了完成好这份材料，首先在司里找了三四位主张改革的同事座谈。不料，大家的思想很难统一，只好一个人动手。思索良久，她给这份材料定了以下原则：第一，从正面提供观点和信息，不批评、不指责任何人；第二，用事实说话，观点隐含在事实中；第三，所有的事实、引语都要有可靠的出处，保证内容准确；第四，要有明确的现实针对性，尽量让决策者看出材料中隐含的结论：“计划和市场只是资源配置方式的学术争论，不是社会基本制度或意识形态的分界线。”按着这个原则，她只用了几天时

① 市场经济前夜：一个通天的小材料［N］. 中国剪报，2012-09-07.

间就写出了近万字的材料，题为《计划与市场在世界范围内争论的历史背景和当代实践》。陈锦华看这份材料后，非常满意，觉得道理说得很清楚：计划经济与市场经济只是两种不同的资源配置手段；关于二者的争论也早在社会主义出现之前便已存在，与社会制度没有必然联系，更不是社会主义与资本主义的分水岭。直觉告诉陈锦华，这份材料值得往上送。于是，他除了修改个别文字外，把标题改得更清楚：《外国关于计划与市场问题的争论和实践以及对中国的计划与市场关系的评论》。由于他考虑到所在岗位太敏感，如果正式送给中央风险太大了。如果把材料当作参考资料报送给两位中央主要领导，风险应该比较小。为了保密，他让秘书回到原单位中石化印刷厂印刷这份“绝密件”。又过了几天，陈锦华接到江泽民的电话：“那个材料我看了两遍，很好，很清楚。我今天晚上要到辽宁去，还要带上再好好看看，还要再送给中央的其他同志看看。”陈锦华感到江泽民对其中内容的赏识。与此同时，也接到了中央办公厅“将材料加印 20 份报送”的通知。在这之后的一天，李鹏会见参加世界经济论坛（即达沃斯论坛）的经济学家，在介绍中国改革情况后，谈到计划经济与市场经济关系时说：“关于这个问题世界上已经争论 100 多年了。……”江春泽当时在场，她感到材料里写的东西领导接受了。1992 年 1 月，邓小平发表了南巡讲话，明确肯定计划经济不等于社会主义，市场经济也不等于资本主义，计划和市场都是经济手段，一锤定音地结束了“姓社”“姓资”的争论。2011 年 4 月，江春泽以这篇文章申报 2011 年度中国经济理论创新奖。著名经济学家吴敬琏为她写下了这样的推荐：“1989 年的政治风波以后，是否坚持计划经济成了改革‘姓社’还是‘姓资’的‘路线’与‘方向’问题，主流舆论强调‘计划经济为主’，把市场经济视为资本主义的洪水猛兽。在这种形势下，江春泽用简明通俗的文字，把上下一百年全世界关于计划与市场问题争论的历史与实践概括地加以阐述，指出这不过是资源不同配置方式之争，与社会基本制度并无必然联系。这篇报告起了突破禁区、呼唤继续推进市场取向改革的作用。它适逢其时为当时的中央领导人所接受，有利于党内决策层思想认识的统一。”

这份小材料，令人大启智，我们每个人都要学习他们搞研究、干工作“纲举目张”的思维能力；干成事、不出事的防风险能力；专业知识扎实丰厚的积淀能力；“让决策者看出隐含的结论”的自我定位能力；阐述复杂深奥理论的通俗简明能力。向他们看齐——懂业务、有能力、真本事。

这里还有一个与我自身经历有关的小故事。那是在2002年夏季，国家行政学院举办省部级WTO专题研讨班，WTO税收政策专设一课，并要求结合WTO重点讲讲出口退税相关政策。拿到题目后，我就在思考如何讲好。因为出口退税具体实行的是免、抵、退，专业性强、术语多，不易理解，加之不同层面有不同程度的需求，宣传解释颇有一定难度。分析后我认为，面对省部级领导干部，讲的方法应该抓“粗”放“细”，粗细适度，大环节讲透、重点环节讲细，以实例说明为主，比如在说明免、抵、退时，我就举了茶杯的例子：以同一个企业生产的两个陶瓷茶杯为例，一个出口，一个内销。所谓免，茶杯在出口环节免税；所谓退，退还出口茶杯含有原材料的进项税额；所谓抵，就是与内销茶杯应缴纳的税额相抵，不足以抵的，再给予退税，从而保证出口商品以较为彻底的不含税价参与国际竞争。“这里有个细节要注意，就是茶杯进项税金的计算问题。陶瓷茶杯的原材料有 20 多种，不同的原材料税率是不同的，有 13% 的，也有 17% 的。如果都按 17% 税率计算抵扣税金，各位领导可不能答应啊。”课后一位领导说：“听了几课了，大部分是‘念’，而今天是‘讲’，复杂的出口退税政策，讲得简单、通俗、透亮，我听懂了。”

这位领导鼓励的话语，让我得到这样的感悟：复杂的专业问题，用“白话”讲明白了，既是方法问题，也是意识问题；既是功夫问题，也是定位问题。

懂业务立身，根本是立就自强、比较、竞争的意识；灵魂是立就术业有专攻、探索无止境的创新能力。“学习知识是三流的，裂变知识是二流的，创造知识是一流的。”

3. 懂感情——立德

感情是原则的敌人，也是原则的友人，区分敌人和友人关键是靠懂感情的人。

懂感情是人生航船的“指路灯”，是立德做人的基本

人，之所以称为万物之灵，是因为他区别于一切没有思维的木偶。“人”字，因为有一撇一捺的支撑，表现出自身的凝重。古人说：圆者自转，方者自安。其实，真正的旋转缘起于自我情感的张弛，而非任何外力的驱动。

人是感情动物，生活在感情的世界里。感情是人类生命的精神支柱，与人类休戚相关、生死与共。人世间的感情有亲情、爱情、友情。亲情一脉相承，是来处、是一种深度；爱情一世相随，是去处、是一种纯度；友情一生相拥，是归处、是一种广度。亲情至上，爱情至圣，友情至重。人生的“三情”，令人魂牵梦绕、难舍难分，也令人感受到生活的甜美、生命的充实。

人而无德，生而何益。道德，是人类行为准则、标准和规范的总和，主要宗旨是“利人、利他、利天下”的社会责任感，主要职能是主管人的行为动机，主管自我修身，主管维系、平衡、规范亲情、爱情、友情等感情关系。

美德是情商最好的表明，也是智商最高的证明。感情与道德的关系是相生相依、相好相衡，像亲情关系有“伦理”“孝悌”的道德规范；爱情关系有“忠贞”“偕老”的道德规范；友情关系有“诚信”“互助”的道德规范；等等。任何一种感情都必须有道德的维系，否则就是情感任性的宣泄。同样，任何一种道德也必须有情感的基础，否则道德势必不能持续。

懂感情，就是要懂得感情与道德皆源于心，情动于心而形于言，德生于心而诉于外，情是德的基础，德是情的基准。懂感情，就是要懂得感情是生的缘分、爱的基因、和的本分、德的源起。懂感情，就是要懂得感情是纽带、是动力、是资源、是文化。懂感情，就是要懂得人有情、物有情、万事万物皆有情，感情是原则的最大敌人，感情也是原则的最好友人，关键是懂感情的人。人生没有草稿，每天写上的生活，都是人生的答卷。

感情是纽带，需要经营好

万事万物皆有情。人世间有亲情、爱情、友情，以及阶级情、民族情、军民情的真爱之情；动物间有“乌鸦反哺、羔羊跪乳”的报恩之情；万物间有“落花不是无情物，化作春泥更护花”的“相许”之情。如此等等的情结，“天然”的也好，“后天”的也罢，都像纽带一样，相互联结着、联系着。当然，感情的纽带也是变化的，有时候紧、有时候松，有时候厚、有时候薄，有时候甚至断带成仇。这都是人为经营的结果。比如，生长在多子女家庭的孩子，当年纪还小的时候，偶尔会感觉父母的偏心，当为人父母的时候，才真正知道把爱平分子女、让手足之间全然公平，并不是一件容易的事。尤其是在父母的病榻之前，原本被偏爱的，总以种种借口不能尽孝床前，而那些不被偏爱的，往往夙兴夜寐、寸步不离。这里的原因固然复杂，但无疑与父母、子女双方经营感情的方式有关。如果以道德经营爱，那就是以德育爱、以爱育爱，爱的结果也会比较公平，如果以性格、感觉或其他方式经营爱，那爱的结果将是不公平的，有时甚至是悲哀的。

经营感情关键在于立德。立德要知德，“欲知方圆，则必规矩”，道德是人伦或道义操守的规矩，是固守精神高地的定力。定力是强大的精神力量，也是自律的最高境界。比如，“孝子侍亲”，古人的规矩是不可有沉静态、庄肃态、枯淡态、豪雄态、劳倦态、疾病态、怨怒态等“八态”，就是用道德“规矩”内心动机。又如“慎独”，就是以“不畏人知畏己知”的道德“规矩”律己。立德要用德，我们常说法律的生命在于实施，对于道德来说，也是这样。正所谓“知行合一”，以道德驱动行动，才能彰显“道德的力量”，要以冰壶玉尺的情怀熔炼塑造，以三省吾身的自觉审视检修，以九死不悔的意志锻造强化。用德自觉，用德无空，是一种德行、一种境界、一种力量。立德要律德，用德重在落实、执行，律德重在监督、培育。以德监督自己，就是要在灵魂深处建立道德法庭，审判自己的感情操守动机。以德监督他人，就是要统一规范道德行为，奖励有德之人，惩戒无德之徒，让感情的列车始终行驶在道德的轨道上。以德育情，就是要让感情的纽带，像链条一样连接着，像大河一样流淌着，一以贯之，自觉恒久，德厚情深，源远流长。

感情是动力，需要发挥好

列宁说过："没有'人的感情'，就从来也没有也不能有人对真理的追求。"回顾中国共产党之所以取得革命和建设的伟大胜利，就是缘于对真理的追求和与人民鱼水之情的巨大动力。苏霍姆林斯基说过："热爱祖国，这是一种最纯洁、最敏锐、最高尚、最强烈、最温柔、最无情、最温存、最严酷的感情。一个真正热爱祖国的人，在各个方面都是一个真正的人。"回顾新中国成立之初，许多优秀科学家之所以放弃国外优越条件回到祖国参加建设，就是缘于热爱祖国的感情和先国而后家的爱国动力。爱因斯坦说过："感情和愿望是人类一切努力和创造的背后动力。""5·12"四川汶川特大地震后，"地震天不塌，大灾有大爱""三人合一心，黄土变成金"，就是缘于中华民族血浓于水的感情动力。感情是生活的主题，是和谐的源泉，是爱的永续动力。真爱无私！大爱无疆！感情力莫大焉！

感情也是魔力。用其"善"，可以使人绝处逢生、化险为夷；用其"恶"，也可以使人步入绝境、身败名裂。今天一些贪官，把夫妻爱情、兄弟亲情形成贪腐的利益链，就是鲜明的例证。过去历代统治者，把感情作为无形的武器，作为难以驾驭的烈马，努力寻其源、认其性、为其用，发挥其威力。其实，在人类的一切事业中，情感好比原材料，理智才是加工厂，任何事业都不是单凭感情或单凭理智就能成就的。驾驭好感情的"烈马"，发挥好感情的"动力"，成就好人生的事业。

感情是资源，需要维护好

感情资源丰厚，感情力量无限。“母亲送儿打东洋，妻子送郎上战场”，是亲情、爱情的资源力量；“二人同心，其利断金”，是友情的资源力量；“白求恩不远万里来到中国”支援抗日战争，是无产阶级感情的资源力量；“雷锋式好党员”“焦裕禄式好干部”，是爱人民的资源力量。正像朱德讲的“什么是力量？力量就是人民”。

感情的结构性决定感情维护的必要性。感情结构是双向的，“一个巴掌拍不响”，一厢情愿的单相思，无感而言，无情可谈，“能拍响”的感情资源是“高品位”的，“拍不响”的感情资源是“不对味”的。在感情世界里，每个人都不是一座孤岛，每个人都是他人的环境。这种环境的维护，是道义，也是责任。

感情的可变性决定了感情维护的重要性。哲学认为，一切事物都是可变的，感情也不例外。因此，如何保鲜感情成为有史以来的永恒话题。“仁者爱人”，而爱的重要在于“恕”，“恕”就是如心，即推己及人。在一个充满“爱”的世界里，要求人人都“奉献自己”，有点过于理想；而一个以“恕”为基础的社会，大家恪守“不伤害他人”的准则，可能更为现实。以“己所不欲，勿施于人”为例，人与人的友情，始于“施”，但友情的维系，更多的是“勿施”，不诋毁、不欺弱、不背叛、不出卖。“施”什么可以赢得友谊，而“勿施”什么，方能使友谊长存。孟子也说过“友也者，友其德也，不可以有挟也”。意思是交朋友，交的是友德，不能有什么倚仗。“君子之交淡如水”，爱情要纯洁，友情也要纯洁，不可以掺杂金钱、地位等有利害关系的因素。因为，“以财交者，财尽则交绝；以色交者，华落而爱渝”“以势交者，势倾则绝；以利交者，利穷则散”。正所谓：“世人结交须黄金，黄金不多交不深。纵令然诺暂相许，终是悠悠行路心。”维护感情向好的方向变化，真的需要友其德、情其德。

感情的规律性决定了感情维护的关键性。感情规律有两个字必不可少，一是真，二是我。所谓真，就是说感情是内心本真的真情实感，装不得，也装不了，就像眼睛容不得丁点灰尘，电流合闸即亮、掉闸即黑一样敏感。其实，“情流”比电流还敏感，一个眼神、一个动作、一个字、一句话，既能让人阳光灿烂，也能让人天昏地暗。一触即发、一见钟情，可能影响一阵子，也可能影响一辈子。在感情的舞台上，自己既是导演又是演员，既是主角又是配角，演好了是喜剧，演砸了是悲剧。所谓我，就是从自我出发，为感情的另一方，主动付出爱、自愿奉献爱，无怨无悔，忘我无我，甘愿牺牲自我。爱的敬如宾，爱的畏不够，爱的常存敬畏感情之心，捧在手里怕丢了，含在嘴里怕化了，精心呵护、精准维护，连说话都小心注意，“良言一句三冬暖，伤人一句六月寒”。因为，一句话就可能使几十年的感情破裂，更为甚者化爱为恨、化友为敌。所以，用心维护感情是每件事、每句话尽量不留遗憾的功夫，是我们每个人都要做好的必修课。

感情是文化，需要发展好

“观乎天文，以察时变，观乎人文，以化成天下”，文化的解释很多，还是古人说的好，文是文治，化是教化，正所谓“设神理以景俗，敷文化以柔远”。

感情文化，实质是感恩的文化，是弘扬道德、精神的文化。知恩图报、感恩戴德、滴水之恩当涌泉相报，是中华民族感恩文化最经典的概括，“人敬我一尺，我敬人一丈”“为朋友两肋插刀”是民间践行感恩文化最精微的总结。换个角度看，“滴水”即“索取”，“涌泉”即“回报”，以“涌泉”是“滴水”的数倍之多回报索取、回报大爱，实质就是真心感恩、倾心奉献的道德精神。中华民族道德文化博大精深，“仁、义、礼、智、信”是做人的美德和智慧；“温、良、恭、俭、让”是处世的美德和态度；“忠、孝、宽、敏、惠”是为人的美德和本质。德治化民、仁义待人，贵在精神力量。精神就是内心细微的能动作用之意，就是一种思想力量。感情是心生神交的精神“产物”，感恩是感情迸发的精神力量。这种力量看似很“软”，其实很“硬”，因为它是中华民族道德文化的重要组成。古往今来，道德文化成就了中国“礼乐之邦”的殊荣，也影响了一代又一代的中国人。感情文化，地位高企，作用特殊。发展好感情文化，是历史的必然，是时代的责任，是每个人应该传承、弘扬的担当。感情文化，代代传承发展，演绎了一幕幕感人肺腑的历史大剧。尽管有些“瑕疵”，但真善美战胜假恶丑的结果不可改变，懂感情立德的思维不可替代，感情德化的精神力量不可战胜。

有很多故事都佐证了这一点：

一个出身于农村的企业家，身家上亿，家住上海。他的老母亲，从农村接到城里后，看到小区垃圾筒里的很多东西都是“宝贝”，于是往回捡。开始，他反对，不管用。后来，他狠狠地说了一次。结果母亲哭了，要回老家，赌气不吃饭。事后，企业家非常愧疚。有一天突然醒悟到，自己接母亲到身边，不就是要好好孝顺吗？孝顺，孝顺，不就是以“顺”为孝吗？如果自己都不顺着母亲，让母亲不高兴，那么，孝还从哪说起呢？从此，他不仅帮着母亲捡，还帮着花钱买“地盘”地捡，免得受“上缴废品收集费”的干涉。

一个年轻人救了一个神仙，神仙一定要回报。年轻人很难为情地说：一点小事不值当这样，谁见了都会出手拉一把的，算了。神仙有些生气地说：我们神仙也是有原则的，今天你必须说出一个愿望，否则……神仙突然定住神，露出一丝笑容说：钱！您说想要多少？没有任何回答。神仙又说：官，您说您想当什么领导吧？年轻人又摆了摆手，神仙着急说：您不可能没有一个愿望吧！年轻人打量一下自己说：那就把我变得胖一点儿白一点儿吧。神仙张着嘴，瞪着年轻人说：您的愿望怎么会是这个呢！年轻人说：每年打工回家，老娘看到我又黑又瘦的样子，以为我在外受苦受累受折磨，总是躲起来偷偷叹息掉泪。如果我变得又白又胖，她老人家一定不会再为我担心了。

“百事孝为先”。孝顺父母不等不逆，这位企业家做到了；“孝”最难做到的是“色难”，即时时刻刻保持恭敬有礼的和颜悦色，这位年轻人做到了。“孝顺”的孝，“色悦”的“孝”，比钱比权重要、珍贵、高尚。

全国人大代表马文芳38年来一直坚持在偏僻的乡村行医，记者问她，是什么力量支持你这么做？她说：“就是1961年的169元钱。”那一年，在她母亲因伤寒病去世的第五天，弟弟也得了这样的病。在全家陷入绝境的时候，一分、二分、五分，一个庄又一个庄，乡亲们几乎全部出来，竟然凑起了169元钱，让马文芳泪流满面。虽然弟弟没有救过来，但在她心灵深处，产生了一个强烈的愿望：“在农村，一定要有医生，一定要有为父老乡亲们治病的医生。”

从最初的报答之情，到责任之感，再到奉献之举，一颗感恩的心成就了她的业绩。正面激励因素研究表明，感恩是培养道德良知、增强人格魅力和提升成长力量的最好的“催化剂”。马文芳的事迹诠释了这一结论。

我国著名科学家钱伟长，20 世纪 40 年代在美国发表《超音速对称锥流的摄动理论》，这是国际航空工程史上第一篇该方面的论文，其中一个重要方程被称为“钱伟长方程”。那时，他和林家翘、钱学森一道，成为世界火箭宇航工程的开拓者。因此美国希望他留下来，但他却提出了回国的要求。在多次申请都未批准的情况下，他以思念家人和不曾见过面的六岁孩子为由，要求回国探亲。他放弃了国外优越的科研条件和生活条件，只身返回了中国。他曾回忆说：“我是中国人，我要回去。虽然回国后，第一个月的工资只够买一个暖水瓶，但我从来没有后悔过，更从来没有对国家丧失过信心。”

新中国之初的外交，尤其是周边外交极其困难。1954 年，美国为了围堵中国，在马尼拉签订了军事同盟性质的《东南亚集体防务条约》。然而正是西哈努克奉行了柬埔寨的中立政策，多次顶住美国的高压，拒绝签署该条约，成为了当时中国为数不多的朋友。作为刚刚获得独立的小国家能够如此坚持自己的立场，难能可贵。也正因此，美国从未放松过对柬埔寨的干涉和颠覆活动，直至 1970 年发动朗诺军人集团政变，推翻西哈努克政权。此时中国张开双臂拥抱了西哈努克。在此不得不说，先是西哈努克对中国有义，后是中国对西哈努克有情。这种患难之中的有情有义超越现实利益，超越国际关系“没有永远的朋友，只有永远的利益”的潜规则。

懂“祖国”感情，无私奉献；懂“朋友”感情，以德报德。修德如果像大地一样，厚德可以载万物，圆德可以融广大，就能包容万象，含蓄光明，就能使生活像阳光一样灿烂。

一向以温文儒雅而备受人尊敬的周恩来总理，即是这一道德典范的完美履行者，他以“忠”“孝”之心爱国爱民，从小就树立起“为中华崛起而读书”的志向；他以“仁”“义”治国而备受人民的尊敬，令世界人民也为之感动，故死后在联合国特别享有了史无前例的降半旗的尊荣；他以温、良、恭、俭、让、宽、惠的态度待人处世，而以俭朴的作风自处，留下了生前身后名；他以礼、智、敏的外交思维，巧妙地处理了一个又一个的棘手问题，为中国在世界的舞台上争取了应得的地位。①

孟子说：“人之所以异于禽兽者几希；庶民去之，君子存之。”雨果说：“道德是真理之花。”毛泽东也说过，只要有为人民服务这点精神，就会成为“一个高尚的人，一个纯粹的人，一个有道德的人，一个脱离了低级趣味的人，一个有益于人民的人”。仁义道德是人之为人的基础，是人区别于动物的根本特征，也是通达真理的必由之路。德者，得也，道德并不是天生的，需要后天的修养，内修定力，外修行为。道德是人格文化，“文化的终极成果是人格”，中华文化的终极成果，是中国人的集体人格。复兴中华文化，也就是寻找和优化中国人的集体人格。

“聚财为国，执法为民”是税收工作的宗旨。税收法治是核心，税收执法是要害。

《有困难，找香平》，《中国税务报》曾如此报道刘香平的感人事迹：

刘香平是黑龙江省海林市国家税务局一名普通干部，年仅48岁，就因癌症动过三次大手术。但她坚持与癌症斗争，边治疗、边工作、边学习。2009年，为支持产品出口，克服国际金

① 苗伟，张焕君. 上善若水：中国传统文化中的大智慧［M］. 合肥：合肥工业大学出版社，2012.

融危机，国务院曾 7 次调整出口退税政策。有一次，快下班的时候，她接到一份新的出口退税文件。为了让纳税人早点享受政策红利，她把政策编写成通俗易懂的手机短信，再发给 20 多户出口企业，虽然忙了大半夜，但是让纳税人非常感动。有一次她调查发现纳税人有一个新问题应该解决，但现行出口退税政策没有涵盖，她提出了完善的建议，经层级反映后得到采纳，得到了纳税人的感谢和上级的表扬。特别是她长期坚持业余自学英语，现在能读英文报纸和杂志。应该说，她的确很忙，忙工作、忙学习、忙研究，忙在优化纳税服务的第一线上，忙在与纳税人建立和谐税收的感情上……

在税收征管工作中，税收政策的制定、落实，也离不开感情的因素：

党中央、国务院一向高度重视下岗再就业工作，在 2002 年前后不到一年的时间里，连续 3 次召开全国性会议，部署了税收、财政、金融、社保、工商等“组合拳”政策。比较而言，税收政策最广泛、最直接、最有效。因此，国家税务总局当时要求在落实中要做到“三懂”：一是懂政治。下岗职工再就业工作，不仅是经济工作，而且是关系社会稳定的政治工作，所以要站在政治的高度认识好、落实好。二是懂政策。下岗职工再就业税收政策具有全新性，不仅要“讲”，而且要“送”，让政策与下岗职工直接见面、挂钩，所以懂政策背景十分关键。比如，为什么要坚持流转税和所得税并用的原则。当时有人认为，流转税是国家基本税收，只用所得税，不用流转税。但是，最适合下岗再就业的是餐饮服务等劳动密集型企业，而这类企业按税制规定，实现收入首先要缴纳营业税，然后有所得才缴纳所得税。如果不并用所得税流转税共同支持，显然力度不够。比如，为什么要坚持动增量不动存量的原则。下岗职工自主创业、自谋职业所产生的税收属于增量；下岗职工没有就业，政府要动用存量给予补贴。所以，动用税收增量支持下岗职工再就业，既保证了国家基础性支出安全，又保证了社会稳定发展。比如，为什么要坚持有利于税收征管的原则。税收征管是落实税收优惠政策的操作环节。下岗职工享受再就业政策是依据社保部门发的“证”（下岗再就业优惠证）、工商部门发的“照”（营业执照）、税务部门审核后实现的。因此，税务部门在密切配合社保、工商部门的前提下，开设绿色通道，简化审批手续，提供跟踪服务，保证政策有效落实。三是懂感情。过去，国有企业及职工，在社会主义建设中，曾经做出过巨大贡献。今天，为了改革开放、国家富强，他们又做出了巨大贡献。他们克服的困难不仅仅是为自己，而是为党和国家，我们应该怀有感激之情。其实税务干部也有不少亲朋好友是下岗职工，“将心比心”“换位思考”是最简单的感情文化，所以要带着感情落实政策。当时，国家税务总局在一个月内，全国分三片召开专题会议专门落实“三懂”要求。正是这种富有创新性的政策落实，国家税务总局得到了国务院的表彰。

懂感情可以助推税务道德建设。相信征税人、用税人、纳税人共同努力，共建和谐税收的希望就在今天、明天……

4. 道德意识——自律

自律，因自觉而自胜。自胜者强。

道德意识是自律的意识，是立世的基础

意识是人脑的机能，是对客观事物的反映，是人的精神产物。意识的最大功能是具有预知性和预防性。所谓预知性，缘于意识是客观存在的反映；所谓预防性，缘于意识是具体行为的先导。人有了存在决定意识的眼光，就能把许多不可能变成了可能。人对客观事物有了意识的“想”，就会体悟到只有想不到的，没有做不到的哲理。

人用眼睛看的是客观事实，人用心看的则是本质意义。道德，就是能看到的心行，所以称心律，亦称自律。自律的特点是，以德为律，自己管理自己，律心管好动机，律为管好效果，实现动机与效果的统一。自律的功能是，立德为矩，能画方圆；视德如水，刚柔并济，实现自觉与自责的统一。自律的力量是，“有德不可敌”“重

积德而无不克”“德行天下，心安乐业”“德不配位，必有灾殃”。如果崇德、尚德、立德、行德蔚然成风，社会将会变得更加正能量、更加美好。

道德意识，是一事当前，以德自律事前动机、事中过程、事后效果的意识。自律，是心力，是影响行为动机的内驱力，是精神层面的领导力，也是独有而特殊的心理能量。道德意识，是做人做事自律规范先入为主的意识。自己不想要的绝不能给别人的“己所不欲，勿施于人”，应该是道德意识的铜律；自己希望别人怎样待自己而自己也要怎样待别人，应该是道德意识的银律；自己想站起来首先让别人站起来的“己欲立而立人”，应该是道德意识的金律。道德的自律意识，是一种因觉悟而自觉、而自立的力量，是一种因自律而自尊、而自强的力量。道德的自律意识，是一种不可欺的信仰力量，是一种挡不住的精神力量，是一种可以想象却难以估量的力量，是一种不可战胜的力量。

道德意识是一种自律意识。自律就是自己管好自己，以道德规范为准则，自愿认同、自觉践行，从被动服从变为主动律己，从外部要求变为内在自觉行动，以心行、内因的力量，自我约束动机、约束行为。自律动机是“律”好行为的“总开关”，“律”好规范动机，什么事不能想；“律”好衡定动机，什么事不能做；“律”好判决动机，什么事做得怎么样。自律，为人以德，正心修身，是做人做事的第一思维。

道德意识是一种敬畏意识。孔子说，“君子有三畏，畏天命，畏大人，畏圣人之言”，心有所畏，行才能有所止，正所谓“畏能止祸，足能止贪”。畏即怕。一事当前，心存道德“戒尺”，怕道德“高压线”电击、怕道德“良心”谴责、怕道德“法庭”审判，就能遵从道德规范行事，笃行道德操守品行，就会平安、和谐、成就一生。

道德意识是一种自我拯救意识。在德行天下的洪流中，总还会裹挟着“缺德”的泥沙。清理、疏浚泥沙的方法很多，其中道德意识就是一剂自我救治的良方。比如，道德的认识功能，就是引导人们追求至善的良师，引导人们认识道德准则、认识自己、认识责任义务，从而正确选择生活道路。道德的教育功能，就是催人奋进的引路人，教育人正确树立义务、荣誉、正义、幸福等观念，做一个道德纯洁、理想高尚的人。道德的调节、平衡功能，就是社会矛盾的“调节器”，以造福于而不是贻祸于子孙后代的高度责任感，对待矛盾，平衡关系。道德的自律功能，就是自我自觉规范动机、规范行为，预知、预防可为不可为，不必顾左右而言他。如此等等的自我教育，使人心正行端，使社会风清气正。

“知者行之始，行者知之成”，树立、增强、坚持道德意识，强调、突出、实现自律，应当从立德、修德、用德上下功夫。

自我自觉立德

立德要立“昭”。“以其昏昏，使人昭昭”是不行的。“昭”即“明”，立德先要明德。我国商代倡导知、仁、圣、义、忠、和“六德”。春秋时期孔子倡导仁、孝、悌、忠、信“五德”。宋元时期倡导孝、悌、忠、信、礼、义、廉、耻“八德”。当代归纳为忠、孝、和、礼、义、仁、恕、廉、耻、智、节、谦、诚“十三德”，分类为社会公德、家庭美德和职业道德。

比如仁，是做人的基点。仁即爱人。这种爱，是一种站在他人角度为他人着想的体谅和理解；这种爱，有拥抱天下人的情怀、有为别人幸福付出的精神、有素质与素养的饱满度，所以“仁者无敌”。比如孝，“孝悌也者，其为仁之本与”，孝是人品的根本。“不孝父母，奉神无益”“小孝治家，中孝治企，大孝治国，再大孝治天下”……古语中关于孝的论述数不胜数，在法治社会的今天，《中华人民共和国老年人权益保障法》修改获通过，就是孝德入法，以法护孝，以孝道推进社会和谐。比如诚，是安身立命之基，“巧诈不如拙诚，惟诚可得人心”，诚者，真也、实也。绝假则纯真，笃实则生辉。教育家陶行知说过：“千教万教，教人求真，千学万学，学做真人”，点明了道德教育中“诚”的重要性。又比如俭，“静以修身，俭以养德”，“奢为大耻，俭为大德”，俭养志，俭养廉。有德的人都必定勤俭，因为生活上简朴能使人欲望少，人就不会被身外之物所役使和支配，就能依正道而行。“清俭非必皆名臣，名臣未有不清俭”，当年周恩来总理吃饭，总会夹起一片菜叶把碗底一抹，把饭汤吃干净，最后才把菜叶吃掉。因为“这比人民群众吃的好多了！”一粥一饭的俭与奢，映照的是为政者的俭与廉、公与私。再比如善，是人类的出发点和落脚点，改变自己命运的简单武器就是日行一善。善，“求则得之，舍则失之”，做不做全在自己。假如一个人没有什么能力帮助人，但起码可以有善意的心扉、眼光、微笑、言语，等等。“勿以善小而不为”“存心不善，风水无益”，积善成德，积小善成大德。

立德要立“法”。就是要把道德规范作为个人的“精神立法”，从意识上严防死守道德底线、“红线”“高压线”。德国著名哲学家康德，其墓志铭有这样兼有哲理和诗情的一段话：有两种东西，我对它们的思考越是深沉和持久，它们在我心灵中唤起的惊奇和敬畏就会越来越历久弥新，一是我们头顶上的璀璨星空，另一个就是我们心中的道德律令。

从内心深处真正地感到敬畏和新奇，并愿意为之约束自身的行为，这就是道德为个人所立下的不可撼动的法则与律令。古往今来，无数伟人为我们做出了如此榜样：

教育家张澜，在古稀之年写下“四勉一戒”：“人不可以不自爱，不可以不自修，不可以不自尊，不可以不自强，而断不可以自欺。”

这是不因外物而沉浮摇摆的独立人格、道德力量、优秀精神。周恩来在南开读书时曾用纸糊了一面“镜子”，每天照一照。上面写着：“面必净，发必理，衣必整，纽必结；头容正，肩容平，胸容宽，背容直。气象勿傲勿暴勿怠，颜色宜和宜静宜庄。”

周恩来由血气方刚的青年，成长为党和国家的领导人之一，一生修身修心，可见这面“镜子”的影响。

美国的缔造者之一本杰明•富兰克林，他给自己制定了 13 条戒律严格的“道德格言”，没有任何豪言壮语，几乎都是吃喝穿戴、待人接物等“生活琐事”。如“节制。食不过饱，饮不贪杯”“缄默。说话必须对人对己有益，避免无谓的闲聊”“秩序。什么东西放什么地方，什么时间应当做什么事情”……这些戒律说明一个真理：伟大，亦不可逃避平凡生活的约束。伟大是从爱人、爱己、爱生活开始的，单纯的豪言壮语代替不了日常的平凡生活。

立德要立人。就是要按道德规范做人，学君子人格，天下为公，行善如流。“人无德不立，国无德不兴”，市场经济也是道德经济，在物欲横流的大潮中，坚守“学术无良心是道德的毁灭，政治无道德是社会的毁灭”的道德意识，坚守物质与精神并行不悖的道德底线，立人立国，立人为国。《大学》开篇即云，“大学之道，在明明德，在亲民，在止于至善”，在立德的过程中，学校教育往往起着至关重要的作用，哪怕是一句简单的校训、课堂上的一句叮嘱，都能在年少学生的心中播下崇德向善的“种子”。

南京大学校歌的第一句就是“大哉——诚天下动”，各个时期确立的校训有“诚笃”“诚朴”“诚真勤仁”等，这些，无不将“诚”置于重要位置。南京大学 110 周年校庆上介绍出席嘉宾的原则是“序长不序爵”，评选杰出校友的原则是“基层化导向”，这些都让人感受到“诚”是南京大学传统精神中最本色的东西，也是南京大学人突出的优良品质。哈佛大学每年对入学的新生都会进行一次特殊的道德教育课。其中的一节是让同学们写下心中最崇拜的三位人物。同学们大多写了比尔•盖茨、沃伦•巴菲特和爱因斯坦等。老师问，如果拥有这么多钱的比尔•盖茨只是在自家大院里孤芳自赏，你还会崇拜他吗？学生们一致否定；假设沃伦•巴菲特因为自己的身价而一点都看不上穷苦人，你们还愿意欣赏他吗？学生们还是一致否定；倘若爱因斯坦到处吹嘘自己的成果，你们还会认可他吗？学生们的答案仍是一致否定。此时老师立即提问：“同学们，请你们仔细想想，你们崇拜的最终理由是什么？”学生们豁然开朗，值得崇拜的是他们的为人修养、是他们的慈善仁爱、是他们内心遵循的道德与善良情操。哈佛大学的这堂德育课就是让学生们知道，做任何事不能只追求成败结果，在注重结果的前提下，心中还应具备道德原则。

立德要立心。就是要把道德规范扎根于精神意志的深处。“心者，身之主也”，心者，德之根也，“心”乃精神之魂、动机之源。言为心声，行为心使。“心”从“良”，“为”积“善”。鲁迅说：“立德、立功、立言，立人是最为关键的，立人要先立其心。”“我的确时时解剖别人，然而更多的是更无情面地解剖我自己。”哲学家冯友兰把人生境界分为四种：自然境界、功利境界、道德境界、天地境界。“这四种人生境界之中，自然境界、功利境界的人，是人现在就是的人；道德境界、天地境界的人，是人应该成为的人。前两者是自然的产物，后两者是精神的创造。道德境界有道德价值，天地境界有超道德价值。”德国哲学家康德说：“道德之所以有如此崇高和美好的名声，就是因为它总是伴随着巨大的牺牲。”一个人，如果按道德规则从“心”而“律”，其结果将是德高望重；一个人，如果按个人任性随“心”而“欲”，其结果将是非“败”即“亡”。

自我自觉修德

修德是处世的基础。和谐是古今中外推崇的儒家道德规范基本的处世原则。“为政以德，譬如北辰，居其所而众星共之”是中国垂之久远的古训；“己所不欲，勿施于人”，早已写入享名近代的《人权宣言》，至今仍在法国宪法中熠熠生辉。“孔子的学说世代相传，揭示全世界人类丰富的为人处世的原则。”这是美国总统里根 1982 年在旧金山纪念孔子诞辰纪念会上的演说。“如果人类要在 21 世纪生存下去，必须回头两千五百年，去吸取孔子的智慧。”这是瑞典物理学家汉内斯•阿尔文 1988 年在法国巴黎第一届诺贝尔奖获得者大会上的预言。处世需要修德，和谐呼唤修德。道德兴、民心齐、国运昌、世和谐，正如《大学》中所说的那样，“身修而后家齐，家齐而后国治，国治而后天下平”。

修德是智慧的基础。智者，知也。“智慧在于掌握万物所共有的基本准则”。中华传统道德是举世公认的为人处世原则，是立身、立世、立命的智慧。修德，是修智慧的过程，是智慧升华的过程。没有知识的诚实，是脆弱的、无用的；而没有诚实的知识，是危险的、可怕的。

修德是健康的基础。古人说，“智者乐，仁者寿”“大德必得其寿”“德行不克，纵服玉液金丹也不能延长寿命”。富润屋，德润身，心广则体胖，中医也讲，喜大伤心，怒大伤肝，恐大伤肾，思大伤脾，忧大伤肺。当代人的体会是“笑一笑，十年少”，快乐才能健康。所以修德，不仅能修人品，而且能修健康。快乐是一种德性、一种智慧、一种能力，而不是一种性格。

修德的关键在于“养心”。“种树者必培其根，种德者必养其心”“欲修其身者，先正其心”。“心正而后身修”，养心之道各有所悟，比如“寡欲”，“养心莫善于寡欲”，克制自己、减少欲望，才能培养仁德，成为志向远大的人。又如“后勇”，“知耻而后勇”，自觉地进行自我反省，知错就改。再如“养气”，经过道德实践，养成“富贵不能淫，贫贱不能移，威武不能屈”的大丈夫气概，养成大气、大度、大智的“浩然正气”。

诺贝尔一生淡泊名利，从来不在公众场合抛头露面。一次，一家出版社准备出一本瑞典名人集，向他征集照片。他委婉地拒绝了，回复说：“我请求不要将我的小照刊载，我所做的一切，只是为人类该做的一点儿事情而已，无须大肆宣扬。”还有一次，有人说是他发明了硝化甘油。他一听，立刻更正说：“硝化甘油是意大利化学家苏雷罗发明的，我只是发明了硝化甘油的引爆方法。”他的认真与谦虚，令人肃然起敬。他的家人在整理家族史时，要求每个家族成员都写一份自传，写下自己一生最重要的事情以及业绩。无奈之下，为了使家族全体成员满意，他写下了这样的自传：

本人诺贝尔，他那可怜的生命，在呱呱坠地之时，本可断送于一位仁慈的医生手里；主要的美德：清白做人，并时刻保持指甲的干净；主要的过错：终身不娶，脾气不佳，消化力弱；仅有的一个希望：不要被人活埋；最大的罪恶：不敬财神；生平主要事迹：无。

这近乎戏谑的简洁自传，与家人期望看到的大相径庭。于是，家人轮流出面，挨个劝说诺贝尔重新修改一下自己的自传，说这样才能千古留名。但诺贝尔始终不改初衷，直言说，“这就是我的自传，从此将不再更改一个字。”于是，今天的我们才得以看到他这样的自传，感受到他博大而谦逊的情怀。

芬森是丹麦的著名医学家，也是第一位获得诺贝尔奖的临床医生，到了晚年，他准备寻找接班人。在助理乔治的配合下，芬森从众多慕名而来的医学界才俊中选择了一个叫哈里的年轻医生。但是芬森知道医学研究是十分枯燥的事情，担心这个年轻人不能坚持。乔治建言说：“先生，据我所知，哈里家境贫寒，你不妨请你的朋友假意出高薪聘请哈里，看看他会不会动心。如果他被金钱所诱惑，那自然不配做你的弟子。”可芬森没有采纳乔治的建议。他说：“我不能站在道德的制高点上俯视别人，也永远不要去考验人性。他出身贫寒，怎么会不对金钱有所渴望。如果我们一定要设置难题考验他，说，给你一个高薪的轻松工作你干不干？那么，对他来说，内心肯定是纠结的。因为，他要在现实生活和梦想面前做出两难的选择。而他跟我研究医学，根本不必这样考验他。”由于芬森的宽厚，哈里最终成了他的弟子。若干年后，哈里也成了丹麦最著名的医学家。

自我自觉用德

正所谓学以致用，用是学的目的，用德是实现立德、修德的目的，也是实现“真、善、美”最高境界的目的。所谓真，反映人同世界的认识关系合规律性；所谓善，反映人同世界的价值关系合目的性；所谓美，反映人同世界的情感关系合感受性。真是基础，善是目的，美是本质。道德仅存内心没有用，只有实践道德才是有用的。

在美国，人们甚至将守德上升到法律的高度，通过立法的方式为道德机制的运行施以外部的保障。1978 年，美国国会审议通过《政府道德法》，1989 年又制定了《道德改革法》，1992 年，联邦政府道德署也颁布了《行政部门雇员道德行为准则》，在礼品、利益冲突、职权行使、兼职、职外活动等多方面详细规定从政的道德要求和行为规范。同时，联邦政府设立道德署，联邦政府各部门设立道德官员办公室，地方各州、市也设立道德署或道德委员会，专司道德监督。这是以立法形式、专门机构，推动和保障道德准则落实的模式。

《诗经·卫风·木瓜》这样写道：“投我以木瓜，报之以琼琚。匪报也，永以为好也！投我以木桃，报之以琼瑶。匪报也，永以为好也！”两千多年前，人们就已经懂得滴水之恩，涌泉相报。而在历史上，投桃报李、结草衔环、乌鸟反哺的故事，也时时传为美谈，一来一去之间的往来互动，不断在人们心中激起感动的涟漪，也让“真善美”逐渐积淀为一种信仰、一种坚持、一种传承。

某公司领导退休后病了，弥留之际想吃小时候农村的一种食品。当一名 50 多岁的女子气喘吁吁地送到医院时，这位领导并不认识她。

女子说："好些年前，我在公司下属的一个小企业工作时，遇到了困难，到公司找领导，别人见我都不理，只有你，把我迎进办公室，还给我泡了杯茶。这一杯茶，我永远记得。""倒一杯茶"，拨动了心弦，久久回响……

卡耐基，年轻时在一家药店当店员，某天，下大雨，一位步履蹒跚的老妇人进店躲雨。卡耐基见此，拿了一把椅子请老妇人就座，谦和热情。老妇人十分感谢。第二天上午，卡耐基接到洛克菲勒钢铁公司电话，问他是否愿意去他们公司上班。当时，卡耐基很是奇怪，事后知道，老妇人竟是洛克菲勒先生的母亲。"搬一把椅子"，淡化了尊卑，知恩图报，久久为功……

江苏省国家税务局原副局长张敬群通过《"孝道"与"税收"》一文，把看似无关却相关的"孝"与"税"说得明明白白。

税收的运动形态是"索取"，是将别人口袋中的钱掏出来；孝道的运动形式是"奉献"，是把爱心洒向父母、家庭和社会。公共税收学说直接表明了一个简单的道理，税收的"索取"是为了对公共需求的"奉献"，从纳税人手中"索取"的税收收入最终要通过公共财政支出"奉献"给社会。从孝道来说，人们为什么孝敬父母？直白地说，因为人们曾经对父母"索取"过，有"索取"就应当有回报，"奉献"孝心就是人们对过去"索取"的父母养育之恩的一种回报。此刻，如果我们把孝道中的人情成分隐去，将公共税收和孝道行为同时放在纯经济学中考察，两者在利益交换论上具有相通之处；如果我们将税收人格化，将两者放在伦理学中考察，也可以在知恩报德的义理层面找到一致性。孝道文化是感恩文化。作为孝道文化发祥地的税收工作者，应该怀着感恩之心对待支持社会主义税收事业发展壮大的广大纳税人。切己体察孝道真谛，虚心涵养感恩情怀，无论是对人们的修身养性，还是处世立业都是十分必要、大有裨益的。

其实，这种感恩，体现的是征税人、纳税人税务道德建设的共同责任，体现的是征税人、纳税人法律地位平等的共同观念，体现的是征税人、纳税人携手共建和谐税收的共同目标。应该说，征税人、纳税人的税务道德建设，随着社会环境的发展变化，择其善而从之，只有起点，没有终点。

5. 法律意识——他律

法律是柄正义之剑，守法者——护，违法者——惩。

法律意识是他律的意识，是立世的基准

世界充满了矛盾，人活在充满矛盾的世界里。法律秉持正义，维护公正，强制规范行为，化解社会矛盾，保障安定和谐。

法律至上。法律，是国家强制保障人们必须遵守的行为规范总和，是治理国家、维护正义的重器，是保障公民人权、生命财产的权威法典。

法律神圣。法律的特点，一是强制规范人们的行为模式：授权性规范——可以这样行为；命令性规范——必须这样行为；禁止性规范——不许这样行为。二是强制规范人们的行为后果：以法律规范为准绳，以行为后果为根据。“守法者最快乐”“伸手必被捉”，这是法律的职责所在，也是神圣所在。

法律威严。法律的特质，一是强制性，二是强制规范性。法律面

前，人人平等，没有特例，不搞特殊，对事不对人，体现着他律的威严。法律的作用，一是明示作用，告知人们行为衡量的“红线”，能做什么、不能做什么；二是矫正作用，告知人们行为后果一旦触犯法律规范，将会受到法律的惩戒矫正。“天网恢恢，疏而不漏”，法律不可侵犯。

法律意识是敬畏法律、信仰法治的意识。核心是“法有禁止不可为”“法无禁止即可为”；重点是自觉运用“可为”“不可为”的思维模式律己、律人、律事；关键是自愿主动地把“可为”“不可为”的法律规范立在自我行为的前面，把握行为的过程，遵守行为的法律后果。

法律意识是一种依法办事的意识。“外因通过内因起作用”。法律是他律，所谓“他”就是外部因素；所谓“律”，就是强制一律。不论何人、何事，也不论何习惯、何动机，一律以法律为准绳，强制行为过程和行为效果必须依法规范，可谓“法者，力莫大焉”。“前因决定后果”。“办事”分为“事前”“事中”和“后果”三个阶段，意识位居“事前”统领地位，“办事”有了法律意识这个“事前”的统领，“办事”的“过程”“后果”就有了可靠的保证，可谓“法者，治之端也”。所以，法律意识是依法办事的核心。

法律意识是一种公平正义的意识。法律是柄正义之剑，依法者——护，违法者——惩，一视同仁，一律平等。法律让人从心灵深处敬畏，不忍犯、不能犯、不敢犯，心灵的敬畏是动机的敬畏，是绝佳的预防效果。法律至上的敬畏是权威的敬畏，任何人不可凌驾、不可游离、不可挑战，以身试法者、侥幸伸手者，没商量，必被捉，可谓“法网恢恢，疏而不漏”。法律是“天理”，但并非冰冷，“法律之内也有天理人情在”。所以，法律意识是正义平等的关键。

法律意识是一种法治信仰的意识。从内心深处认知、认同法律，这是法治信仰的初始，也是法律意识的引领作用。从行为上自觉自愿执行法律规范要求，这是法治信仰的实践，也是法律意识的效果作用。从总结法律效果入手，让改革丰富法律，让法律保护改革，这是法治信仰的升华，也是法律意识的提升作用。所以，法律意识是法治信仰的根基。

法律意识是一种责任担当的意识。法律像行为的“灯塔”，照亮行为方向，担当“明示”责任、预防责任。法律像行为的“天平”，称出“后果”的分量，担当“矫正”责任、“最终”责任。法律像一尊“护法神”，维护公民人权，保护生命财产，“法律面前、人人平等”“王子犯法与民同罪”，没有例外，没有特殊。法律是道德的“同盟军”，法立于上，教弘于下；德化于心，律身于行；法律讲求的是底线正义，道德追求的是高尚人格；法律为道德生长提供制度环境，道德的成熟要求可以上升为法律规则。像诚信就是敬畏法律权威信念的伦理基础，没有诚信作为道德底座，法律所涉及的“契约”关系的履行便成了无源之水。在建设法治昌明、道德纯净社会的过程中，法与德永远是共同担当，结伴前行；法律意识是责任担当的基础。

法律意识是法治意识的重要内容、重要基础。我国改革开放以来，法治建设创造了许多可资借鉴的经验，但法治建设正在进行时、永远在路上，需要见仁见智、“百花齐放”。

加强法治信仰教育

法治信仰基础是法律信仰。信仰不是凭空而降，首要的是需要教育。法治信仰教育，除了一般性教育外，应该结合时代特征、实际问题进行重点教育。当前，一要抓好法治特点教育。法治是什么？法治的“法”，泛指包括宪法在内的各种法律；法治的“治”，即以法律统治，是相对于“人治”而言的。法治的“治”体现的是目标价值而非工具价值。法治的特点是什么？法治与人治相区别，法治的突出特点是重在治权、重在治内、重在治己；人治的突出特点是重在治民、重在治下、重在治他。只有认知法治、认同法治，才能信仰法治、践行法治。信仰为本、教育优先，成就法治大业。二要抓好法律敬畏教育。敬畏是一种心理感觉，内心的敬畏实质是一种尊崇，内心的尊崇实质是一种自觉。法律敬畏教育，就是让人们对法律从内心深处有一种尊敬感、畏惧感，闻法而肃然起敬，畏法而能止祸。就像小时候，大人为了不让小孩哭闹，惯用一种“东西”吓唬，久而久之，那个“东西”令小孩产生了敬畏感。如果人们对法律也有这种入心入脑的敬畏感，也就达到了法治信仰教育的目的。三要抓好法治思维教育。思维关系成败。在法治领域常有一种思维“怪”习惯：一部新法律颁布后，一些人不是研究如何贯彻执行，而是研究如何钻法律的“空子”，并以聪明自居。实际上，这是一种对抗法律的思维，是聪明反被聪明误的思维，是害人、害己、害国家的思维。良好的法治思维习惯是个“大家族”，包括以敬畏法律规则作为说话办事底线的规则思维习惯；以保障人民根本利益为出发点和落脚点的权利保护思维习惯；以“法定职责必须为，法无禁止即可为”为原则的权力限制思维习惯；以运用法律规定的各种程序处理问题、解决矛盾的程序思维习惯；等等。养成法治思维习惯，成就事业，成就人生。

敬畏知其可，信仰知其路。“奉法者强则国强；奉法者弱则国弱。”从人治走向法治，领导干部的法治信仰是关键。焦裕禄、谷文昌、杨善洲等优秀共产党员领导干部，他们心中敬民有根，心中畏法有戒，信仰法治，不信人治，“正气存内，邪不可干”，行为垂范，身为士则，体现了做人为官的基本品格，也实现了自己人生的价值。贪腐官员，他们不敬畏法律而敬畏“圈子”，不相信法律而相信“侥幸”，不怕犯法而怕没人“捞”，骨子里信仰人治，而不信仰法治，最终善恶有报，走进地狱。

“举头三尺有神明”“不畏人知畏己知”。叶存仁是清代的一名官员，为官清正廉洁。因为政绩卓著，被调任省督。在准备乘船赴任时，同僚们想叶存仁白天不肯收礼，一定是怕别人看到会有麻烦，便商量好晚上送。晚上，师爷代表同僚表明来意时，叶存仁就着月光写下一首诗交给师爷说，“你们的心意我领了，我的心意就在诗里面。”师爷只好乘船带着礼物返回。同僚们展读那首诗：“月白风清夜半时，扁舟相送故迟迟。感君情重还君赠，不畏人知畏己知。”

诗的最后一句很明白，不是害怕别人知道，而是害怕自己知道。因为那是明知故犯，所以自知更重要。做到“畏己知”才是真做到了敬畏，真做到了自律。

“薄功而厚飨”“贪邪而亡道”。这是唐代大文学家韩愈为王承福立传中的警世名言。王承福是一位生活在社会底层的泥瓦匠，曾多次到一户富贵人家做工，后来再次路过那里时，发现宅院变成了废墟，问问他的邻居，邻居说：“唉，因为犯法而被杀了。”于是，王承福认为，明知不应该干而要去干，贪图不义之财而忘记道义的人，不仅富贵难以守住，而且还会丢掉性命。“薄功而厚飨”“贪邪而亡道”，韩愈认为王承福的话对自己这样的官员有警示意义，所以为王承福立传，引以为鉴。

坚持法治实践应用

立法、用法，同属法治实践应用范畴。良法善治，是人民的企盼，是治国理政的需要，是法治实践应用所希望的理想目标。

习近平指出："法是党的主张和人民意愿的统一体现，党领导人民制定宪法法律，党领导人民实施宪法法律，党自身必须在宪法法律范围内活动，这就是党的领导力量的体现。党和法、党的领导和依法治国是高度统一的。我们就是在不折不扣贯彻着以宪法为核心的依宪治国、依宪执政，我们依据的是中华人民共和国宪法"。[①] 实践证明，坚持法治实践应用，既要注重立良法，更要注重善用法。法的生命力在于运用，法的权威在于运用，法的信仰也在于运用。

"法立，有犯而必施；令出，唯行而不返""有法必依，违法必究"。坚持法治实践应用，原则是，谋划工作要用法治思维，处理问题要用法治方式，说话做事要考虑法律规范。具体是，遇事要找法，办事要依法，化解矛盾要靠法，解决问题要用法。目的是，坚持依法治国、依法执政、依法行政的共同推进，坚持法治国家、法治政府、法治社会一体建设，维护宪法法律权威，推进法治中国建设。

坚持法治实践应用，取得效果的事例有许多，仅以法治税收为例，便可窥见一斑。

"以"与"依"之变。"以法治税"的思想，早在 1988 年时为国家税务局确立实施。这种思想，无论当时、现在还是未来，都可谓远见卓识。"依法治税"的思想，是 2001 年国家税务总局根据"依

① 节选自《习近平在省部级主要领导干部学习贯彻十八届四中全会精神全面推进依法治国专题研讨班上的讲话》。

法治国”要求、总结“以法治税”13年经验提出的，并确立为“税收工作灵魂”，同时把“依法治税，重在治内，内外并举，以内促外”确立为基本方针。2003年又把“聚财为国，执法为民”确立为税收工作宗旨。法治税收的道路越来越亮堂、越来越宽阔。

“洋为中用”，维我权益。2001年我国按照WTO规则要求，在加入之前采用“主动修改”方法，清理整改了一些有悖于国民待遇原则的税收政策。其中把进口设备含有无形资产既征增值税又征营业税的政策，改为只征增值税，不征营业税，消除了非国民待遇障碍，为顺利加入WTO组织赢得了主动，让国际法为我所用。防止避税的“预约定价制度”，1987年创建以来迅速成为国际惯例。这项制度的优点，一是由纳税人与税务机关共同论定纳税人应纳所得税或销售利润率区间；二是跨国公司转让定价税务处理由事后调整改为事先预约。我国2004年10月出台《关联企业间业务往来预约定价实施规则（试行）》，2005年9月就由深圳市地方税务局与日本东芝复印机（深圳）有限公司签署了首例双边预约定价安排。2006年12月又由中美税务部门就沃尔玛公司达成了双边预约定价安排。截至2016年底，我国累计签署预约定价安排139个，其中单边的84个，双边的55个。预约定价制度的实施，不仅让国际惯例落地开花，而且提升了我国税制国际化、现代化建设水平。

魔高一尺，道高一丈。国际税收的重点已由过去的“避免双重征税”发展为今天的“避免双重不征税”，所以，揭穿双重不征税新花招成为反避税的新重点。比如，我国的A企业集团，在避税地设立一家B子公司，然后将A企业集团拥有的众多品牌法律所有权注册于B公司。以此为依据，A企业集团通过每年向B子公司支付金额巨大的商标使用费，实现了税前抵扣。由于B子公司在避税地对收到的特许权使用费不需要缴纳所得税，因而形成了双重不征税的结果。税务机关调查发现，设在避税地的 B 子公司只有 2 人，没有能力行使与商标价值创造相关的职能。A 企业集团所有的核心高管人员都在中国公司任职，商标开发、提升、维护、保护、利用等所有经营决策都由 A 企业集团做出，实质经营活动都在 A 企业集团开展，A 企业集团不应该向 B 子公司支付商标使用费。按照我国企业所得税法规定应补税 2 亿元。在证据确凿的事实面前，纳税人伏法，征税人执法。

用法维权，用法护利。我国某大型企业集团位于国外的子公司，被所在国税务机关调查认为，该子公司向其关联公司低价转让核心资产，需补缴近 10 亿元人民币的税款。纳税人提出双边磋商申请后，我国税务机关依照两国双边税收协定规定，运用可信的数据事实，通过翔实的可比性分析，加上耐心的一轮轮依法有据的磋商谈判，最后成功说服该外国税务机关降低了核心资产的转让评估价格，补税金额从 10 亿元降低到 1 亿元。法律的威力，不仅在于减小经济损失，重要的是维护了国家和“走出去”企业的税收权益。

及时完善法治制度

完善是事物发展本有的规律，及时完善是运用规律促进事物发展的有效手段。“法者，天下之公器也”，完善法治制度必先完善法律体系。完善法律体系，是妥善解决各种突出矛盾和问题的紧迫要求，是全面推进依法治国的客观要求，是持续发展中国特色社会主义事业的根本要求。“无过无不及”，及时完善法律体系，就是要运用“及而不过”的智慧，达到“及而不过”的要求。“及”既强调及时性，又强调预防性；“过”既强调不超过，又强调不落后，其核心要求是，既要把握好“质”，又要把握好“度”。如此的及时完善，才能体现出法律的时效感、公平感、进步感和时代感。

法律体系，在我国有狭义与广义之分。狭义法律指有立法权的立法机关制定的法律。广义法律，除包括狭义法律外，还包括具有法律效力的解释以及其行政机关为执行法律而制定的规范性文件。法律是由全国人民代表大会及其常务委员会制发，行政法规是由国务院制发，规章是由国务院所属部门和省级人民政府制发。制发的原则是，下位法与上位法不得相抵触，同位阶法不得相矛盾。制发的程序必须法定，如规章的制发，必须经过集体讨论（部务会议或者政府常务会议）、必须以令的形式发布、必须报上级法制部门备案后方可生效。正是因为法律体系有不同，完善法律体系的要求也有不同。及时完善税收法律体系是法治中国的重要组成部分，是税收制度科学化、现代化、国际化建设的要求。

依我一孔之见，完善税收法律体系有如下几个“应该”：

一是应该遵循“三个适应”的基本原则：适应“国家治理基础和重要支柱”的需要，适应“深化财税体制改革”的需要，适应创新驱动促进发展的需要。

二是应该坚持“四观”的理念：坚持税收经济社会观；坚持税收民主法治观；坚持税制建设国际观；坚持税收道德文化观。

三是应该采取四种方法：（1）顶层立法、统一步调。“落实税收法定原则”，税收立法统一由全国人大负责。（2）整体设计、分步推进。建立税收制度储备库，为满足经济社会发展不同阶段的需要，提供好相应制度“及时性”服务，发挥好“税收反作用于经济”的“引领性”服务。（3）统一组织、分工负责。统一立法，建立第三方税源信息共享平台，将相关部门掌握的分散信息，依法共用，无偿共享，以法制的健全，保障税收征管机制的完善。在“分工负责”中，相关部门应该找到“我是谁、为了谁、依靠谁”的准确定位。（4）服从市场、适时调整。税收政策调整，应该遵循市场规律和税收规律，适时、适度、适用。

四是应该抓好四个重点：（1）全面落实税收法定原则。“税收组织法”应该重新启动。其中涉及政治体制改革等难点，应该采取“先行先试”的办法突破，总结推广可复制的经验。（2）完善基本税制。完善间接税制，推行现代型增值税，突出消费税的调节作用。完善直接税制，个人所得税改为“综合与分类相结合”的税制；企业所得税重点完善支持企业“强起来”“活起来”“走出去”“走下去”的有效政策。完善地方税体系，满足财政“分税制”的要求。完善统一城乡税制，遵循城乡经济发展规律，坚持“多予、少取、放活”农村经济原则，制定有效的税收政策，助推城乡经济统筹发展。（3）完善税收政策。按照供给侧结构性改革的部署，发挥好结构性减税政策，做到有增有减以减为主、扩内需稳外需、重实体经济稳虚拟经济、并用税收与征管政策、并用直接与间接优惠政策，让税收政策与经济形势对接、与税制改革方向衔接、与纳税人情况变化连接，收放有节、有度、有利，恰到好处。（4）完善税收征收管理。① 完善“服务、征收、稽查、处罚、复议”税收征收管理体系，以税收征管公平保证税收制度公平。如完善《中华人民共和国行政复议法》第八条，其内容没有对行政纠纷是否可以进行调解、如何进行调解做出明确规定，而《中华人民共和国行政复议实施条例》和《税务行政复议规则》已明确规定了针对行政纠纷的调解制度，所以有必要完善行政复议法，以维护法制的统一性。② 完善税收征管模式。按修订后的征管法，完善现行的“以纳税人申报和优化服务为基础，以计算机网络为依托，集中征收，重点稽查，强化管理”的征管模式，如“强化”只是要求，而“分类”不仅是模式，也更“接地气”。③ 完善税收征管体制。应该总结安徽省、海南省、江苏省国家税务局征管体制改革试点的经验，增强省、市、县、乡征管职能作用，增强税收征管便利化服务效能，增强税收征管公平执法保障，增强税收风险管理能力，等等。总之，经过实践检验的创新，既是生产力，更具生命力。

6. 职责意识——担当

尽多大责任才会有多大成就，有多大担当才能干多大事业。

职责意识是担当的意识，是立世的基石

职责，就是职位角色的责任。人生活在社会中，会承担多种不同的角色，不同的角色就是不同的职位，不同的职位就承担着不同的职位责任。责任，是分内应做事情的一种必然性，存在于生命中的每一个岗位，只有轻重之分而无有无之别。责任，是一种理念、义务、夙愿和担当的价值观，是客观需要也是主观追求，是自律也是他律。责任，是人全面发展的必由之路，是成就事业发展的可靠途径。一个时代有一个时代的使命，一代人有一代人的责任。

职责，是对职位角色责任的基本要求，不是空洞的、抽象的，而是具体的、实在的；不是看的、说的、摆样子应付门面的，而是要落实的、作为的、担当的。一言一行，一岗一位，都能见责任、见担当。“职责所在”是担当，“责任决定一切”是担当，心中有责，

敢于担当，人生才有作为。尽多大责任才会有多大成就，有多大担当才能干多大事业。只有尽好职、担好责，才能成就事业、才能发展事业。

职责意识，是心灵内化、心行自觉的责任感、使命感；是知责、履责、担责的职业风范、操守习惯；是尽忠职守、利居众后、责在人先、挺身而出的担当精神、担当能力。

职责意识是一种定位意识

定位，简单地说就是确定位置。定位源于工程术语，现多用于描述人、单位、领域发展的基准点。职责定位完整的体系包括：责任意识——想干事；责任能力——能干事；责任行为——真干事；责任制度——可干事；责任成果——干成事；责任担当——负责事。职责定位的要求是，清晰分内应做的事情、应尽的义务、应承担的过失，包括职责范围、任务、程序、要求、目标，等等。职责定位的意义在于有力有效地指导行动，比如，明确职责，就会知道分工界限是什么、按分工应该做什么、按分工必须承担的责任是什么。俗话说得好，“刮风下雨不知道，官大官小要知道”“到哪座山唱哪首歌”。人生都要经历启蒙阶段、学习阶段、工作阶段，退休阶段，“别闲着、别累着、别气着”就应该是退休生活的定位。扫清“门前雪”做到不越位，再管他人“瓦上霜”做到不乱位，有分工有配合，夺得全局性胜利就有保障。又如，明确方向，清晰的职责定位让人可以找到完成“分内”任务的努力方向，找到“知己知彼”适合自我的发展方向，找到自身潜力发挥优势的创新方向。

东汉著名经学家马融，最初准备给《左氏春秋》作注，但他发现已经有贾逵、郑众二人作注在先。找来仔细读过之后，他觉得自己不适合给《左氏春秋》作注，理由是“贾逵的注本精深而不广博，郑众的注本广博而不精深。既要做到精深而又广博，就凭我个人的水平，又怎能超过他们呢”，因此，他打消了给《左氏春秋》作注的念头，转而去写《三传异同说》，随后为《孝经》《离骚》等书作注，后来也成就斐然。

“中国布鞋第一家”内联升是京城老字号，在市场激烈的竞争中，由于坚持精准定位、精心制作，一直稳扎稳打，似乎从不受市场的影响。内联升的布鞋号称千层底，实际没有 1000 层，只不过表示用布比较多，是用一层一层纯棉白布叠加起来的。千层底的实际层数是 35 层。可别小看这 35 层纯棉白布做的鞋底，少一层则软，多一层则硬。从切底、圈边到纳底、缉口、绱鞋，内联升一双鞋要经过 90 道工序，使用工具达 40 种。光是纳鞋底，就需花费一个熟练工人 3 天左右的时间。工人纳鞋底时选用产自温州的上等麻绳，针脚要密实匀称，保证鞋底每平方寸 81 针。这样的针脚不稀也不密，穿着舒适、柔软有度，并且易吸汗、透气性好。如此算来，一双最普通的平针千层底需要纳制 2100 针。内联升延续一百多年的职责要求是“五为师训”——工必为之纯，品必为之精，业必为之勤，行必为之恭，信必为之诚。

“适合自己的，才是最好的”。马融的成功源于对自身的精准定位，知人之长短，知己之短长，另辟蹊径，最终独领风骚。老字号内联升的发展，原因很简单，就是牢记职责，精准定位，精业精心，坚持秉承工匠精神，精心制作，一针一线地纳出了内联升的金字招牌。

职责意识是一种责任意识

责任意识的核心是敬责。

敬即敬畏，“敬者何？不怠慢、不放荡之谓也”。责即责有攸归，谁的责任谁负责。敬从心，责存心，敬责是内心自觉的分量。心存敬责，就会掂出“责任重于泰山”的分量，就会践行“司其职、负其责”的承诺，就会做到“责任在此，请勿推辞”。心存敬责，就会体悟到责任不是兴趣、不是喜欢，而是必须做且必须做好，正如马克思所说：“世界上有许多事情必须做，但你不一定喜欢做，这就是责任的涵义。”心存敬责，还会体悟到责任是苦与乐的搭配，正如梁启超所说：“人生须知责任的苦处，才能知道尽责任的乐趣。”心存敬责，更会体悟到责任就是自身价值的展现。比如门卫，不让任何一个没有出入证明的人进入，就是尽到了岗位责任；比如校对，对自己没有完全把握的字词始终坚持查字典，就是尽到了一丝不苟的责任；比如领导，对该坚持的原则一视同仁，就是尽到了公正的责任；比如办公室主任，面对“政治重要性、服务多样性、工作事务性融为一体”的工作环境，面对“上级领导、平级同事、下级群众”的工作关系，如何才能尽到参谋、助手、综合、协调、服务的“五大”职责呢？有一位主任曾经这样说，需要按照“内方外圆”的思维，确立服从领导、踏实肯干、不怕坚守、不怕委屈、以正为人的心态（也曾形象比喻为“像羊一样听话，像牛一样干活，像狗一样看家，像猪一样受气，像人一样活着”）。如何做到“以正为人”呢？这就需要确立做人有德的原则，“学术无良心是道德的毁灭，政治无道德是社会的毁灭”；确立做事讲法律、讲制度的原则，“法有禁止不可为，法无禁止即可为”；确立职责担当的原则，不挨批评就是表扬，挨了批评也是表扬；确立“首长负责制”的原则、“轻重缓急”的原则（而不是领导排位的原则）、讲程序原则，尊重基层、尊重下级，正确处理“仰视”“平视”“俯视”的关系，在可能的情况下，尽可能做到“先下后上”，把情况了解得广一点、实一点，提供决策服务准一点。如此这般，就有可能尽到“五大”职责。

责任意识的基础是觉悟。

责任没有“高低贵贱”之别，没有“中心”“边缘”之分。是责任都要放在心上，都要落实到行动上，这就是觉悟的力量。比如演一台戏，演员在舞台中央表演，必定需要调音、打光、化妆、置景等幕后的辅助支持，一个都少不了，绝不能说幕前的重要，幕后的次要，每个职位、每个职员都是不可缺少的中心和主角。再比如税务机关，内设税政、征管等专业部门，同时还设立了党委、人事、办公、监察、后勤等部门。不能认为税收专业部门“有专业”站在幕前而重要，非税收专业部门“没专业”站在幕后而次要。其实每个部门都有自己的专业、自己的责任，没有边缘的岗位，只有边缘的态度。每个职位都唱好责任的“主角”，职责的整体“大合唱”就会悦耳动听。

责任意识的关键是精业。

精业，就是对自己从事的职业，追求卓越、精益求精，把平凡变成不平凡。或者说是精于职业责任的一种能力。“没有金刚钻，别揽瓷器活。”责任意识需要有精业水准的保证，需要有精业水准的执行力，这样才能兑现“职责所在”的承诺，否则，只能是“空头支票”，口惠而实不至。钟南山对“非典”疫情、PM2.5 的危害“说真话、讲实情”，吴孟超总是设身处地帮病人省下每一分钱的“医者仁心”，“最美司机”吴斌在生命的最后时刻平稳地停好车……这些不仅仅体现了职业责任、职业美德，更是体现了“精业”能力背后的支撑。其实，精业还包括“抗干扰”能力，因为现实中确实存在干扰、阻挠履行责任的“噪声”。比如，有的像木偶一样，不会做事，会摆架势，装有本事；有的像癞蛤蟆一样，“通体无毛何所有，傍晚呱呱表心情”；有的像鬼一样，“竭尽污蔑陷害之能事”。精业，不仅要有履行责任的专业能力，而且还要有“抗干扰”的心理能力，只有如此，才能以正除邪、以正视听。精业不可忽视也不能小视“抗干扰”能力。

“求木之长者，必固其本；欲流之远者，必浚其泉源。”在履职尽责的道路上，只要践行敬责、践行觉悟、践行精业，纵有“千难万险”，也会被责任心的炽热熔化打通，也会被责任意识“上通天、下接地”的能量贯通，保证一路绿灯、“责任”到底。

职责意识是一种担当意识

“顺境逆境看襟度，大事难事看担当。”担当，是一种责任、一种人格、一种精神，可以说千古风流在担当。担当意识，既要担当应负的责任、成功的责任，更要担当错败的责任。担当意识，既要“定好位、履好职”，又要“负责任、尽责任”，更要把责任担得起来，当得下去，不推辞、不越位，不做“荒了自己的地，种了别人的田”的傻事。“干就干好，不干拉倒”，把责任扛在肩上，担当多大就干多大事业，就干出多大成就。领导干部有担当，是“一种高尚的政治品格，一种必备的履职能力，一种过硬的工作作风，一种良好的工作状态”。担当是当下最缺乏却又最宝贵的品质。

乐于担当应有之责是成功的保障。

“桥的价值在于承载，人的价值在于担当”，乐于担当体现的是一种品质、一种觉悟、一种信心。谁乐于担当，谁就获取了成功的门票，谁缺少担当，谁就一定会成为不战而退的“混混”。责任总是与成功相伴，责任好比成功的阶梯，履行责任步步为“赢”，才能顺利通向成功的顶端。

有这样一则小故事：

> 有一天，奥巴马的生活秘书来到英国一家有名的鞋店替总统买双皮鞋。秘书对店主说：“我替朋友买双43码的皮鞋，请把最好的拿给我看看。”店主回答说：“对不起，因为我们要对卖出的每双鞋是否真的适合顾客的脚负责任，必须请本人来店量脚定做。”秘书忙说：“没关系，如果真的不合脚，我也不会责怪你的。”店主回答说：“责不责怪那是你们的事，但是我们绝不卖出任何一双不合脚的鞋。”被激怒的秘书嚷道：“你知道我是替谁买鞋吗？我是替美国当今总统奥巴马买鞋，他哪有时间来这里试鞋？”店主淡淡地回答说：“来我这里买鞋的人都只有一个名字和身份，那就是本店的顾客，请总统先生必须来量脚、试鞋，别无他法！”秘书没有办法，但在临走之前，获得了免费参观鞋店储藏室的特权，在那里，秘书看到了许多名流量脚后留下的木制脚模，包括丘吉尔、柯南·道尔、查理·卓别林，等等。最后，秘书感慨地说：“对每双脚负责，百年鞋店的成功秘诀如此简单。”

成功并不复杂，最基本的就是乐于担当。

敢于担当错败之责是制胜的保障。

“胜败乃兵家常事”，干事难免出错、难免失败。其实，错败并不可怕，可怕的是私心太重怕担当，没有能力怕担当，更可怕的是推脱责任乱“搞事”。敢于担当不仅是一种胆识，更是一种正气、一种境界。古往今来，“责重山岳，能者方可当之”的大有人在，“位卑未敢忘忧国”“苟利国家生以死，岂因祸福避趋之”的大有人在。当今社会，为党为国为人民“争光不抹黑、添彩不添乱”的大有人在，默默担当、无悔奉献的大有人在，这些人，才是社会最可爱的大多数。

明朝有位掌管财政27年的重臣叫夏元吉，为官清廉贤明，朝廷倚为砥柱，为此也得雅号“刺头”。1399年到1402年，燕王朱棣发动“靖难之役”攻进南京时，这位“财神爷”被绑到朱棣面前，说：“君上殉难，臣子理当死节，只是请殿下容臣三天。”“为什么？”“户部尚有账目未点算完毕，此事关乎黎民生计，请容臣三天内做完，再随先君赴死。”这个至死还“一心为公”的能臣，朱棣决定让他官复原职。两个月后，又将他扶正，成为户部尚书。永乐十九年（1421年），朱棣准备发动对鞑靼的第三次军事行动，亲自找夏元吉要军费。夏元吉深感国家财政日益吃紧，坚决不拨一两银子。这触怒了朱棣，怒免其职，并关进“内宫监”。虽然吃了苦头，夏元吉仍不改“刺头”脾气。在他的眼里，自己既要干活儿，更要干净，只有钱用在了老百姓的身上，才是用在了“刀刃”上。这位“大账房”，堪称奠定“永乐盛世”“仁宣之治”两大黄金时代的关键人物。

20世纪60年代中期，中国文学研究所有人贴出大字报，揭发钱钟书做了“反对毛主席”的事。一时间围观者甚众。不料就在当天晚上，杨绛竟亲自打着手电，拿了糨糊，在这张大字报边上贴出她自己署名的一张小字报，明确申明大字报所说的“绝无此事”。所里的几个造反派遂迫令杨绛拿只破面盆，一边敲打一边自喊：“我是反革命家属！打倒钱钟书！”杨绛把“锣”敲得震天响，却大声地喊：“钱钟书不是反革命！就不是反革命！”

鲁迅曾在《中国人失掉自信力了吗》一文中说："我们从古以来，就有埋头苦干的人，有拼命硬干的人，有为民请命的人，有舍身求法的人，……虽是等于为帝王将相作家谱的所谓'正史'，也往往掩不住他们的光耀，这就是中国的脊梁。"

正是无数的仁人志士挺起了中华民族的脊梁，无论是海晏河清的承平时代，还是风雨如晦的动荡之秋，都有那么一些人，在坚守，在担当，在提醒我们不要丢掉自信力。

善于担当改革之责是发展的保障。

善字内涵丰富，包括勇、能、会的要求。所谓勇，即坚忍勇毅。改革发展闯关攻坚，客观上要遵循规律，主观上要有勇气。毛泽东说过："往往在敌人十分起劲，自己十分困难的时候，正是敌人开始不利，自己开始有利的时候。往往有这种情形，有利的情况和主动的恢复，产生于'再坚持一下'的努力之中。"主观上的"勇"是一种能力。所谓能，即越是艰难险阻，越能闯关拔寨。"下行"能用"上进"对冲，"转型"能用"实干"搭梯。主观上的"能"是一种素质。所谓会，即会干、实干。会干才能聚人心、有信心；实干才是"顶梁柱""领路人"。主观上的"会"是一种自信。善于担当是一种能力、一种素质、一种自信的体现，通俗地说，就是有胆有识有人品，能文能武能屈伸，敢打敢拼敢面对，能闯能创能发展。

福建省东山县委书记谷文昌，人生几经起落，但越是困苦，越见本色。面对风沙肆虐，他没有退缩："共产党人，不能做自然的奴隶"；看到民生疾苦，他内心如焚："不把人民拯救出苦难，共产党来干什么！"下放当社员，拖着坐"喷气式"、关"牛棚"落下的病腿，带着村民攻克了粮食难题，成为人们交口称赞的"谷满仓"。谷文昌的事迹说明，心中有责，善于担当，是每一个干部必须完成的人生课题，是每一个党员干事创业的基点，是任何时候都不可缺少的人格精神。

21 世纪之初的几年里，由于多种原因，我国一度出现了“卖粮难”的问题。实事求是地说，我国治理“粮少”有经验，而治理“粮多”还真没有经历。在一次讨论会上，有的人建议采取农业“休耕”的措施。主持会议的领导同志在总结时说，农业“休耕”问题，在我国要慎重，不能轻易提出。然后从古论到今，从外论到中，从理论讲到现实，从当前讲到未来，足足讲了六条理由，说的让人心服口服。那种负责的精神，特有的能力，至今记忆犹新。

国家税务总局 1996 年 6 月 18 日搬迁新办公楼，准备工作提前 10 天进入倒计时，机关服务中心“唱主角”。先是现场办公做好基建收尾工作，主楼下水接通、院前道路修通、国旗杆定位建好、食堂试运行、饮用开水改造、澡堂、医务室、消防安全等问题一一落实。然后是安排白天“搬家”，夜间加班运送办公家具，保证了“双向”顺利进行。最难的是做好办公室分配工作。由于办公楼处于居民区内，南北较宽，为了充分利用面积，中间难免有些“黑房子”，真的是不好分配。有一位副司长找到服务中心主任说：“你肯定不住这样的房子，希望给我调一间向阳的。”其实服务中心主任所在的就是这样的“黑房子”，而且是在一层。“百闻不如一见”“身教胜于言教”，这位副司长理解了、服气了。服务中心主任说：“我们后勤是为大家服务的，先人后己、吃亏在前是原则，请放心。”

1997 年，机关分配福利住房，以机关服务中心为主成立了分房委员会。一手抓分房方案制定的公平公正，集中了三个半月时间，上下反复三次讨论通过；一手抓分房方案执行的公平公正，张榜公布，三榜定案，一视同仁，群众监督。有一位干部没有献血却加了献血分房分数，经核实，按规定取消了其当年分房资格。有的干部说，这次分房方案是公平的，执行是透明的，虽没分到房，但没意见。这次分房没有一个人找任何一位局领导，反映任何意见。常有人说机关后勤服务，“吃喝拉撒睡，咋干咋不对”，如果心中有责，善于担当，就可能“咋干咋都对”。有人说，后勤工作是“好汉不愿干，赖汉干不了”，如果心中有责，善于担当，就可能是“干了就是好汉，好汉才能干好”。“兵马未动，粮草先行”，后勤工作不是小事，是责任、是担当。

职责意识，让人有责任感、使命感；职责意识，让人有安全感、和谐感。意识到了，感觉到了，做到了，才是能担当、会担当、真担当。

7. 协调意识——合作

心往一处想，劲往一处使，“握紧拳头”才是共赢的力量。

协调意识是合作的意识，是立世的基本

人不可能生活在孤岛上，生活不可能避开矛盾，人人都需要协调合作的力量，这是客观规律使然，不以人的意志为转移。

协调，是事物发展的内在性，属自然法则。协调，作为生产力的要素，具有社会关系属性。协调，追求目标认同、承认价值差异；追求集中效果、注重民主进程；追求统一意志、兼顾独立观点；追求利益公平、鼓励做出牺牲，最终实现共同目标。协调，是对话不是对抗，是协商不是专横，是协作不是分裂，是配合不是任性。“唱和如一，宫商协调”“众人同心，其利断金”。协调，是平衡矛盾、统一思想的“黏合剂”，是理顺关系、促进合作的“双面胶”，是“握紧拳头”的智慧，是合作共赢的法宝。

协调意识是一种和则利、合则赢、步调一致才能得胜利的思想。

协调意识是一种发展的理念，心往一处想——朝着一个共同的目标；劲往一处使——形成一个共同体，拧成一股绳实现共享发展。协调意识是一种制胜的方法，讲尊重——平等协商；讲包容——相互理解；讲妥协——寻求共同利益。协调中的小合作要放下态度，彼此尊重；大合作要放下利益，彼此平衡；一辈子的合作，要放下性格，彼此成就。协调意识是一种集合的力量，心和面合的协调是集合力量，明争暗斗的协调是内耗力量；有所为有所不为，为全局牺牲局部，是协调集合的整体力量；戒急用忍、戒急用智，握紧拳头打出去，是协调集合的智慧力量；分“蛋糕”的结果能让每个人都觉得是获得了最大的一块，那是协调集合的“魔幻”艺术力量。

协调意识是一种客观规律的认知

协调是自然规律的认知。在中国传统文化中，“天地合气，万物自生”，天、地之气亦是阴、阳之气。阴、阳的对立、统一、协调、平衡构成了万物生长的源头。由此看来，阴、阳对立统一的规律，决定了协调必然是自然界固有的基本元素。

协调是生活规律的认知。社会分工、人的分工是因职能不同而不同，社会运转、生活运转是因协调配合得当而发展。比如经济界的农、工、建、服等产业的比例协调，生活中衣、食、住、行的比例协调，如果平衡，社会将稳定和谐，如果失衡，后果将不堪设想。由此看来，协调是社会、生活不可或缺的基本原料。

协调是结构性规律的认知。矛盾有主要矛盾和次要矛盾，矛盾自身又有矛盾的主要方面和次要方面。这些结构性的矛盾转化为统一的过程，就是协调一致的过程，也是社会进步的过程。矛盾—协调—再矛盾—再协调，由此看来，协调是解决矛盾的“平衡木”。

协调意识是一种和合思想的智慧

和谐、合作，是协调的出发点和落脚点，也是中华民族传统的“人和”思想智慧。“和为贵”“和气生财”“家和万事兴”“天时不如地利，地利不如人和”，等等，都是古人信奉的“人和”思想。这种思想，是处理人际关系的最高准则，是凝心、团结、乐群的精神支柱，是人类文明、社会和谐的思想法宝。

“和”缘于“仁”，仁即是爱，爱才能和，这种爱的思想体现在各个方面。比如，“知予取”，就是以先予后取为原则，想让人出力，必先善待别人；比如，“爱贵之”，就是信任别人，让人自尽其力；比如，“宽惠”，就是“宽则得众”“惠则足以使人”，等等。这种思想，是以宽厚代刻薄、以信任代猜疑，让人际关系和谐合作、聚力共赢。

“和”则“谋”，谋即谋略，谋略是思想，也是智慧。“心性和则气血理，气血和则病不生，骨肉和则无戕，处人和则无争，家和则道昌，国和则治强，四海和则万邦宁矣”，与己、与人、与家、与国都要“予为之谋”，谋心性之和、气血之和、骨肉之和、处人之和……从而达到物我和谐的状态。

协调意识是一种合作制胜的力量

协调就是力量。

协调的力量是把局部的力量通过协调形成全局的力量。这力量好比伸着的巴掌合成一个握紧的拳头，集合成团结的力量、团队的力量、集体的力量。比如，一个政府的各个部门，通过协调合作，心往一处想、劲往一处使、拧成一股绳，就形成了政府的力量、为人民服务的力量。

协调的力量是把小局的力量通过协调形成讲合作、顾大局的力量。以大局为目标，哪怕牺牲小局，也要力争大局的胜利。比如，一个人通过协调好自身的情绪，才会以激情饱满、积极向上的心态去协调“作战”，一个单位或一个部门通过协调好利益观念，才不会带着“部门主义”“一己私利”去协调“参战”。

协调的力量是把合作的力量通过协调形成共赢的力量。马克思说：“一切规模较大的直接社会劳动或共同劳动，都或多或少地需要指挥，以协调个人的活动。”美国著名教育家卡耐基说：“一项事业的成功，15%源于自己的专业技术，另外的85%要靠人际关系和处世技巧。”事实证明，在现代社会中，任何人要完成一项事业，都离不开社会、离不开群体、离不开人与人的协调合作。协调的力量是“拳头”的力量，是制胜的力量。

不可否认，现实生活中确实存在着不协调的人。有的人“各色”，不合群、不配合，这就是性格“古怪”所致的缺乏理性协调。有的人“老子第一”，唯我独尊，“灶坑打井，房顶开门，万事不求人”，这就是知识贫乏所致的不懂协调。还有的人刻意制造不协调，装懂装大装雅，北京人称其为装“蛋”，心眼小，私心大，爱嫉妒，爱整人。这种人“演技”很高，有时候阴阳怪气、有时候捕风捉影、有时候无中生有……这种人比混事的人差劲多了、可气多了。但是，“生气是拿别人的错误惩罚自己”，所以，不要“怒发冲冠”，而要坚信“邪不压正”，更相信用真诚之心可以协调事、感动人，用制度之规可以规范事、教育人，用谨慎之为可以立人、立德、立言。“苍蝇不叮无缝之蛋”，我们力求把事协调成“无缝钢管”，“冻死苍蝇未足奇”。这样的气度应该有，这样的效果应该要。追求完美没错，也是被“搞事人”倒逼出来的。

协调，需要讲方法、讲能力、讲效果。

协调是客观规律，主观意志代替不了、改变不了。所以，意识上要认清、行为上要遵从。人与自然协调才能和谐相处，国与国之间协调才能和平共处，国家内部协调才能“政通人和”，经济贸易协调才能“和气生财”，带兵打仗协调才能“步调一致得胜利”，等等。

协调发展也始终贯穿于我国全面建成小康社会的全过程。从党的十八大强调“全面建成小康社会”，到党的十八届三中全会部署“全面深化改革”，再到党的十八届四中全会要求“全面依法治国”、到党的群众路线教育实践活动总结大会宣示“全面从严治党”，“四个全面”战略布局是中国发展起来以后，更加注重发展和治理系统性、整体性、协同性的必然选择。“四个全面”战略布局相辅相成、相互促进、相得益彰。特别是，党的十八届五中全会，把协调与创新、绿色、开放、共享共同确立为五大发展理念，把协调发展放在我国发展全局的重要位置，是我们党对经济社会发展规律认识的深化升华，为理顺发展关系、拓展发展空间、提升发展效能提供了根本遵循。

一是要顾全大局，自觉协调。集小局成大局，大局的胜利离不开小局的自愿协调。好比下棋，围绕大局，需要各自呼应、协同出击，甚至自愿牺牲，才能最后夺取全盘胜利。自愿牺牲不易。古人说，“小有所系，大必有所忘也”。只有“心”大了，“事”才能小了。遇事知人，化事鉴心，出于自愿，无怨无悔，才能牺牲小局顾全大局。

调节收入分配是税收职能之一，从协调的角度看，在收入分配“全局”中应该起到什么作用呢？有人认为，初次分配讲效率，二次分配讲公平，税收属于再分配，应该在“二次分配”发挥作用。其实，税收在收入初次分配、二次分配、三次分配中都可以发挥适当的调节作用。比如，初次分配既包括劳动力、土地、资本等生产要素占有情况，又包括个体之间禀赋、努力程度情况，还包括垄断情况、偷逃税收、腐败情况，等等，如果注重发挥消费税、资源税、房产税的调节作用，就会促进起点公平和过程公平。二次分配主要包括所得的分配，如果注重发挥企业所得税、个人所得税的调节作用，就会弥补市场失灵的弊端，促进结果公平。三次分配主要包括非营利性质的公益事业、慈善事业等，所得税、财产税都可以发挥有限的调节作用。如此看来，税收调节收入分配不仅仅是二次分配，而是在分配的“全局”中都可尽到调节作用。应该说这是大局的观点、全面的观点、协调作用的观点，而非“单纯税收观点”。

二是要摆正位置，主动协调。协调中有主办方（要求方），也有协办方（协助方），协调中的定位、站位，决定了协调的主动性、成功率。因此，需要双方摆正位置，坦诚、信任、支持；不错位、不越位，不推诿、不打压，不谋“公众利益部门化，部门利益合法化”。也就是说，协调需要定好位——做好分内的事，需要站好位——敞开胸怀、“拥抱”对方，需要合好位——不塞“私货”、换位思考。这样的协调才能积极、主动，给力、助力。

对于领导干部来说，尤其需要摆正位置，主动协调。领导干部是人民公仆，是为百姓服务的，既要倾听百姓的意见，又要接受百姓监督，更重要的是面对百姓的批评指责如何协调好自己。比如，端正态度，容人容事容言，努力做好协调工作，化解情绪。比如，择善而从，本着“识吾过者是吾师”的理念，从批评中接受教训，改进工作，积极主动协调化解，尽心尽力加以解决。比如，检讨工作方法是否简单粗糙，群众观点是否淡薄，“接地气”是否太少，是否与群众产生了距离感、疏离感，等等。总之，只有摆正位置，主动协调，才能以干部的辛苦换来百姓的赞扬。公道自在人心，付出必有收获。

税收工作，需要协调的面广、人多、线长、量大，可以说是“千家万户、千言万语、千山万水、千难万险”。因此，更需要摆正税收在经济社会发展中的位置，明确税收只是若干政策工具中的一种，税收不是“万能”的，不能“包打天下”，不能“单打独斗”，而应该立足全局谋划本行，干好本行服务大局，使税收政策与其他政策工具协调配合，共同为稳定、改革、发展服务。

三是要善于沟通，积极协调。沟通好比社会的“空气”，没有沟通就没有社会。管理学家西蒙曾说过：管理的全过程就是决策。其实决策就是充分沟通的结果。否则，就只能是“眉头一皱，计上心来”，或“拍脑袋”，或“闭门造车”。中医上说“通则不痛，痛则不通”，其实人际关系也是这个道理。上下级之间有矛盾、人与人之间有矛盾，一般来说，欠缺有效沟通是主要原因。特别是面对一些流言蜚语、以讹传讹，更需要及时沟通，才能还原真相，校正误传。沟通要讲真诚，“话不说不透”，通过沟通，亮“底牌”、交“底线”，才能互谅互让。沟通也要讲身份对等、姿态相近、语言平和、态度友好等原则和方法。双方身份与地位上的不同，往往容易成为沟通的障碍。这种时候，位高、强势的一方，尤其要做到平易近人、态度谦和，让对方感受到被尊重、被理解、被信任。比如，在做群众工作时，要忘记官身份、放下官架子、不打官腔，有意与群众贴近，跟群众坐到一条凳子上，沟通效果将会超乎预料，事半功倍。

延安时期，针对外界对延安情况不了解，对中共当时的革命政策有偏见的问题，毛泽东大胆地邀请外国媒体与民主党派人士到延安去，通过窑洞里一番番开诚布公的长谈，延河边一次次深入细微的沟通，各界对中共的偏见渐消，共产党赢得了更多的了解、信任、支持与称赞。

毛泽东有一句著名的论断，“没有调查就没有发言权”。这里的“调查”，就是放下身段，与下属、群众作深入恳切的沟通。今天，强调领导干部、上级部门“接地气”“问政于民、问需于民、问计于民”，前提就是拜人民为师，与群众保持密切沟通。

国家税务总局1994年“三定”方案明确“参与研究”税收政策，这与“研究制定”有很大区别。为了充分发挥税收作用，当时，国家税务总局、财政部主要领导协商，今后税收政策的发布，实行两家联合发文的形式，具体由财税“两办”协调落实。协调中，对于流转税、所得税、财产税的税收政策统一联合发文没有异议，但是对征收管理意见相左。有人认为应联合发文，理由是“征管”也是“税政”的一部分；有人认为不应联合发文，理由是“征管”“税政”“基本税制”构成税收制度，“征管”是“独立成章”，同时符合国务院“三定方案”要求。后经三个月的协调，终于统一了认识，税收征收管理政策仍由国家税务总局单方发文。实践证明，这个结果符合税收工作实际，有利于提高税收征管质量与效率，因此，二十多年来还一直联合着、延续着。

四是要合作共赢，善于协调。协调需要学会互尊、互谅、互让，特别是还要学会妥协。

有这样一个故事：

在斯里兰卡的热带森林里，因一头小象被一列火车撞死在路基下，一群野象发疯似地用象牙把铁轨和枕木撬的乱七八糟。第二天，许多工人在警察的保护下开始修铁路，但修到离野象们 50 米远的地方时，象群冲向人群，人们逃进了火车里，象群就把刚刚修好的铁轨又捣毁了。第三天，当局派来了两个排的军队，士兵们一下汽车就摆好了阵势，把“空包弹”密集地射向了象群，“空包弹”不是真子弹，目的是想把野象吓唬进森林。然而，这个办法没有奏效，野象们视死如归，表现出大义凛然的英雄主义气概。于是，就在这一天，政府作出了一个明智的决定：停止“战斗”，绕过撞死小象的地方另修一段铁路，而且要沿整个铁路线为野象和其他丛林动物修一些专门的通道。

这场“战斗”最终以人类的妥协而告终，这样的妥协令人叫好。这种妥协是有道德的、讲平等的表现。

我国 1980 年 9 月讨论修改宪法时，对全国人大的组织体制曾有人提出“实行‘两院制’的设想”。“胡乔木提出的办法是，为了使人民代表大会摆脱给人以‘橡皮图章’的印象，他主张全国人大应缩减代表人数，比如说，减至 1000 人，然后再分为两个院，每院各 500 人，分头议事。人少了就便于认真讨论问题，也可以展开辩论，这样，可以使全国人大成为真正的人民行使权力的机关。”“两院制”的动议在秘书处获得很大反响。秘书处的第二次、第三次会议对这个问题进行了持续的讨论。讨论归讨论，按照吴家麟的说法，“实行两院制的理由并不充分”。关于是否采用两院制的讨论最终被汇报到邓小平那里。据时任秘书处副秘书长的王汉斌回忆：“小平同志认为，还是不要搞两院制，如果两家意见不一致，协调起来非常麻烦，运作困难。他还说，我们还是搞一院制，就是人民代表大会一院制，全国人大是最高国家权力机关，这样国家机构的运作就比较顺当。”作为一种宪法制度设计，“两院制”的动议至此终止。[①]

协调，与创新、绿色、开放、共享已成为我国新发展理念。理念是行动的先导，是管全局、管根本、管长远的导向，具有战略性、纲领性、引领性。协调意识，应该牢固树立、永久坚持、踏实践行、永续做好。

① 申欣旺.“两院制”动议始末［N］. 环球时报，2012-03-23.

8. 他人意识——利他

利他、利我，他也快乐，我也快乐。快乐不是性格是能力。集体主义的快乐是最大的能力。

他人意识是利他的意识，是立世的基调

他人，与自我，辩证存在，相互区别，相互联系，共同构成社会的人群，形成最重要的生产力。

利他，以利于他人为出发点，以利于集体为目的，尊重他人、理解他人、帮助他人，把他人与自己放在一个“天平”上，称出同样的分量，把他人与自己捆绑在一起，形成1加1大于2的力量。

应该承认，他人是生活中不可或缺的同行者或逆行者，也是创造生活不可多得的帮手或对手。应该承认，他人像生活中的一面镜子，能照清自我的光明和黑暗，也像一位智者，能点拨自己的欢乐和悲伤。应该承认，他人与自我摆对位置，能产生一股改变我和他的个人世界的正能量。利他主义，何乐不为！

他人意识，是一种换位思考的意识，站在对方的角度，考虑对方的需求，平衡利益，化解矛盾，人也舒服，已也舒服，形成心贴心的共进力量。他人意识，是一种辩证统一的意识，尊重他人就是尊重自己，理解他人就是理解自己，帮助他人就是帮助自己，形成自觉自愿为他人付出的力量。他人意识，是一种集体主义的意识，我利他、他利他的传导，形成“我为人人，人人为我”团结和谐的集体力量。他人意识，是一种思维、一种文明、一种品德、一种责任，更是一种理想而不理想化的精神。

他人意识，是先人后己、利他利己的品质。有助人为乐的思想，就会以助人为目的，以付出为自愿，不图别人奖励，不怕自己损失。有助人自乐的思想，就会帮助别人自得其乐，精神享受乐上加乐。有助人互乐的思想，就会站在对方角度，考虑对方利益，互让、互谅、互惠、互利，合作快乐，双双快乐。

他人意识，是换位思考、构建和谐的能力。他人意识是一种“是他”意识，即换位思考，也就是与人相处时，把“我”换成“他”，从他的立场出发考虑事、看问题，公正而不主观，宽容而不苛求。将心比心，设身处地，融入信任，构建和谐。换位思考是“是他”、也是“利他”的一种思维能力。

他人意识，是一种“比马龙效应”的行为。所谓“比马龙效应”，就是被人比成龙，自己就会像龙一样表现，被人比成马，就会像马一样反应。也就是说，人若期待别人对自己有好印象，就会认真地表现良好行为；若期待别人讨厌自己，就会无所谓地随便表现。其实就是比较在乎别人对自己的看法，总是希望给人留下好的印象，因此就会严于律己，宽以待人，朝着完美的方向努力。

他人意识，是“我为人人、人人为我”的社会责任。列宁说过，

“我们要努力把‘大家为一人，一人为大家’和‘各尽所能、按需分配’的准则渗透到群众的意识中去，变成他们的习惯，变成他们的生活常规”。孔子说，“己所不欲，勿施于人”“己欲立而立人，己欲达而达人”。如果每一个社会成员在充分感受社会温暖与和谐的同时，反过来又“滴水之恩，涌泉相报”，如此良性循环，并蔚然成风，不就是“我为人人、人人为我”的社会氛围吗？不就是每个人的社会责任吗？

他人意识，是一种不抱怨、不后悔、不羡慕的意识。不抱怨，因为抱怨是泄气，不抱怨是争气；不后悔，因为后悔是放不下昨天，不后悔是活在今天、奋斗明天；不羡慕，因为羡慕就会攀比、嫉妒、恨，不羡慕就会走自己的路，让别人羡慕去吧！从内心开始的奋斗才是成功的起步。

今天，作为地球村的公民，作为命运共同体的一员，都应该以他人意识，树立义利相兼、先义后利的正确义利观，不追求我赢你输的零和博弈，履行好“我为人人、人人为我”的社会责任。

他人意识的根本是尊重人

尊重人是一种意识，也是一种行为根本。《说文解字》对“尊”的注解是：“酒器也。从酋，廾以奉之。”像双手捧着酒坛。古代饮酒，仪式感极强，尊即变得重要，尊重由此而生。人对物尚能如此，对人更应该这样。

尊重人要一视同仁。一般理解的尊重，是自下而上仰视的时候，油然而生的一种情感，这是其一。其二，尊重还应包括理解的尊重，平级之间平视的时候，也应该由心而生出一种尊重。其三，特别应该理解的尊重，是对下级俯视的时候，尊重更应该由德而生。平视的尊重或俯视的尊重能不能保持，怎么保持？这是关键，更是考验。尊重是一种情绪，更是一种力量。上下级之间、平级之间自觉自愿尊重、从心从德尊重，是一种向心力、凝聚力、战斗力。

我国古代晋文公重耳，当年作为公子时，因骊姬之乱出走到曹国。没想到曹国的国君曹共公组织群臣偷看重耳的肋骨是否一根挨着一根如同整块一样，他们就像观赏一只奇异的动物。当重耳得知后，觉得奇耻大辱，气愤难当。其实，曹共公想观看重耳的骈肋时，大夫僖负羁就曾劝谏说："晋公子很贤能，又与您同姓，穷困潦倒之时来投奔，为什么不以礼待之呢？"曹共公不听。僖负羁觉得曹共公太过分，于是就悄悄给重耳送去一盒点心，里面还藏着一块玉璧，以示友好。重耳接到这小小的礼物，很感意外，也让他愤怒的心稍稍得到一些安慰。他留下了点心，把玉璧归还了回去。正是这盒点心救了僖负羁一家人的命。原来，重耳在登上国君的宝座后不久，就下令征伐曹国。同时，特别命令："任何人不许进入僖负羁的家里，也不许伤害他的族人，违令者斩。"

别看这一盒微不足道的点心，当它出现在一个人最感寒冷的时刻，它所释放的尊重，就会像火一样让冰冷的心融化。

尊重人要以诚待人。以诚待人，历来是中华民族的优秀传统。古语云："诚者，乃做人之本，人不信，不知其可。"古人把"诚"看得非常重要，把诚信作为立身处世的根本，如果一个人不诚信，那么他也就没有什么值得称道的地方了。正所谓"巧诈不如拙诚"，以诚待人、以诚感人，才能收获别人的尊重。如果每个人都能"修身律己、尊老爱幼、勤勉做事、平实做人"，也必将能够在整个社会形成我为人人、人人为我的氛围，形成"一百种理论不如一份良心"的德行力量。

我国著名历史学家金毓黼，有一年，接到文献学者王重民的一封信，向他请教一则有关东北史实的详情，他欣然提笔作答，倾自己所知，毫无保留地予以相告。对一个学者来说，这是将“宝剑赠壮士”的高品质、高境界，其惠泽已远远超越了学问本身。后来，金毓黼在编纂《太平天国史料》一书时，学者向达、王重民将他们在大英博物馆和剑桥大学抄录的相关文件提供给他并编了进去。然而当该书再版时，向达、王重民已列名右派，右派的名字当然不能再在书中出现，所以他们的名字被要求去掉。这时候金毓黼毅然站出来，断然说绝对不可！他说“不”的理由是：“此书材料之来源，悉出自（向、王）两君，若没其不言，几同于余攘为己有，余不肯为，亦不忍为也！”不肯为，道出的是一个正直学者应该坚守的学术良心；不忍为，道出的是一个有良知的学者对其他学者的应有尊重。

尊重人要欣赏人。宋人高文虎《蓼花洲闲录》曾有记载：“苏子瞻泛爱天下士，无贤不肖，欢如也。尝言：‘上可陪玉皇大帝，下可以陪卑田院乞儿。’子由（其弟苏辙，人称‘小苏学士’）晦默少许可，尝戒子瞻择友，子瞻曰：‘眼前见天下无一个不好人，此乃一病。’”苏轼一生心无芥蒂，从不防人，待人接物唯真性情而已，虽屡遭陷害贬谪，而始终不改初心，也赢得了无数真挚的朋友和千年的追思。欣赏别人的优点、特点，那是一种真诚的尊重，也是一种成长的提升。

曾任美国国务卿的希拉里，在她中学时代一个春暖花开的中午，和爸爸在公园里散步，她发现一个老太太紧裹着羊绒大衣，围着毛皮围巾，仿佛还是在三九隆冬。“你看，那位老太太穿的，真是太奇怪、太可笑了！”爸爸沉默了一会儿说：“希拉里，我突然发现你缺少一种本领，就是欣赏别人的本领。这说明你在与别人的交往中，缺少了一些热心和友善。”希拉里很不服气地问：“那你不觉得老太太穿得太多了吗？”“恰恰相反，我觉得老太太很值得欣赏。她的穿着也许是因为久病初愈，也许是因为别的什么原因。但你仔细看，她专注地看着树枝上的丁香花，表情是那么的安详、愉快、生动。她是那么热爱鲜花，热爱春天，热爱大自然。我觉得老太太的神情令人感动！难道你不认为她很美吗？”希拉里认真地观察了之后，觉得确实像爸爸说的那样。爸爸领着希拉里走到老太太面前，微笑着说：“夫人，您欣赏鲜花的神情真的令人感动，您使这春天变得更加美好了！”老太太似乎有些激动：“谢谢，谢谢您！先生。”随后，她从提包里取出一小袋饼干，一边递给希拉里一边夸赞：“这孩子真漂亮……”事后，爸爸对希拉里说：“渴望得到欣赏，是人的本性。一定要学会真诚地欣赏别人，因为每个人都有值得欣赏的优点和特点。当你学会真诚地欣赏别人之日，就是你得到别人更多欣赏之时。”

其实，欣赏即赏识。你被他人赏识是“知遇之恩”，你赏识他人是“取人之长”。试想，一个自以为是、一个脱离甚至看不起普通人的人，即便拥有了知识、常识、见识、胆识，别人也无法与他有任何“共识”。这样的人能走多远呢？

某晚，韩国一家大型公司保险箱被盗，与盗贼展开殊死搏斗的竟是一名清洁工。在给清洁工举办的庆功宴上，当然有人要问他动机何在，他回答说：“总经理每次走过我的身边的时候，总会说‘你的地扫得真干净’。”答案没有想象中那么复杂，但是就这“俘获”人心的一句话，有多少日理万机、位高权重的管理者想不到去说、不屑于去说！

人情，是我们无论何时何地都会需要和应予珍视的东西。欣赏你身边的人吧，不要吝啬赞美和微笑，带着真诚和尊重，你会发现，回馈你的是你所付出的平方、立方……尊重是欣赏的基础，欣赏是尊重的提升。学会欣赏别人，从尊重开始吧！

他人意识的核心是理解人

理解人是一种意识，也是一种人我换位。现实中人与人交往，理解人是心通了的感觉，是“懂你”的感受；是“是他”的人我换位，是“利他”的核心基础。

古人说，“老吾老以及人之老，幼吾幼以及人之幼”，现代人讲，“我为人人，人人为我”，常言道，“困难的时候见朋友，顺利的时候想朋友”，这些话说的都是这样一个道理：相互理解、相互诚心、相互帮助是生活的哲理。你诚心对待别人，别人也会诚心对待你；你困难的时候想得到朋友的帮助，那你顺利的时候也应该想到朋友是否需要帮助。这样的理解人，才是“全面”的感觉。达芬奇说：“经验才是真正的教师，……我们的一切知识都发源于感觉。”澳大利亚之所以“慢工细活”，是因为他们理解：“速度不等同于效率，在任何情况下，品质都高于速度，都是效率之本。”

英国诗人兰德写过这样一句诗：“我和谁都不争，和谁争我都不屑；我爱大自然，其次就是艺术；我双手烤着生命之火取暖；火萎了，我也准备走了。”

是啊，生活中，心胸开阔一些，争不起来；功利心稍淡一些，争不起来；为别人考虑略多一些，争不起来……在理解面前，人心就会一下子变宽，世界就会一下子变大。一句话，助人为乐“没商量”，这就是人生至境。

在税收征管中，“馒头税”“月饼税”曾经沸沸扬扬，其实反映的不是应不应该征税的问题，而是对生活必需品征收的增值税太高的问题。《南方周末》评论员陈斌说：“对生活必需品征的税，绝大部分当然由民众承担，因而与民众——尤其是低收入民众——的幸福感是负相关的。”“用税人、征税人”对这一点应该理解，也应该在讨论“结构性减税”时给予考虑。因为，逐步降低民众的税收负担是方向，也符合经济由投资拉动向内需拉动转型的需要。纳税人就是公民，广义的纳税人权利就是公民权利，核心点在于：纳税人——通常由自己的代表代行——有权预知与参与决定某一税收征不征、征多少、怎么征、怎么用等。应该肯定这一点“要求”是符合税收民主法治的，实际上“用税人、征税人”也是这样做的，但由于实际操作中，征求“代表”纳税人的“面”、“代表”纳税人的层次都不够，沟通、宣传的深度、透明度也不够，所以，理解也就不够。作为“用税人、征税人”只有深深地理解纳税人的需求，深深地理解国家经济社会发展的需求，才能做实做好税收法治建设。

明代正德三年，陕西考生吕楠写了一篇不到300字的文章，破题就说孟子之大贤在于“谅”——谅民有抱怨之心，邹国官员咎由自取，活该！因而中了状元。文章大意是：邹国与鲁国为邻，鲁强邹弱，经常发生边境冲突。有一次，鲁国进攻邹国，掠财杀人，其中有33名官员被杀。战后，邹穆公对来访的孟子说：官员管理地方工作，代君牧民。当国家遭到敌人进攻的时候，百姓为什么不同官员一起保卫国家？为什么不为保护官员而英勇献身？为什么不为前线送军粮、抬担架？为什么一个比一个逃跑得快？现在，我想依据官纪国法把这些见死不救、逃跑、围观和“带路党”都杀了。可是，那样一来，人口所剩无几；不杀，见死不救之风如此蔓延滋长，如何了得？您说我该怎么办？孟子微微一笑，说：这一点儿都不奇怪。因为，前几年邹国闹灾，饿死了很多人，各地捐款捐物，不仅去向不明，有的被官员贪污，而且还不许人问。老百姓年老体弱的等着饿死，年轻力壮的四处逃荒打工。那时候，大王您和您的各级官员，生活质量一点儿没受影响，一顿饭都不凑合着吃，正常工作时间官署里基本上见不到官员的人影儿，都在娱乐场所待着。这些情况，您不会不知道吧？这些官员掌握着国家财富和资源，却还拼命挤压老百姓的生存空间。您怎么叫百姓保护官员？这正像前辈圣人曾子说过："戒之戒之！出乎尔者，反乎尔者也。"意思是：要小心谨慎啊！你怎样对待人家，人家也会怎样对待你。邹穆公急问，那我现在该怎么办？难道就这样纠结下去？孟子说：唯一的办法是，您和您的官员让出一部分既得利益，给老百姓以生命空间和适当上升的空间。简单说，就是实行仁政。仁就是生命的"种子"。心里有了生命的"种子"，就是仁心；政策有了生命的意识，就是仁政。翻译成大白话，就是：你活，也要别人活。这样的理解人，是大事，是政治，事关百姓生存，国家兴亡。小事也需要理解人，量变到质变，小事多了也会累积成大事。理解人需要理解事，感觉人也需要感觉事。

他人意识的关键是帮助人

帮助人是一种意识，也是一种应该力践的行为。帮人以需，助人以乐，是本能、是素质、是智慧。帮助人大到舍生忘死、舍己救人；小到扶一把、让一下，一个微笑、一个眼神，都能给人以关爱、给人以鼓励。

明代的王阳明，因得罪宦官刘谨而被贬到极为荒蛮的贵州龙场做驿丞。一天，有一个年岁已大的官吏带着儿子和一个仆人离京赴任，路过龙场，宿在离王阳明住处不远的当地住户家中。第二天中午，有人说蜈蚣岭坡上死了一个老人，两个人在哭，王阳明料定是那个要去赴任的官吏。傍晚，又有人说，坡下又有一个人死了，剩下了一个人在哭。第二天，第三个人也死了。王阳明派两个童子去埋葬，童子不愿去，王阳明说："同是身在异乡，他们跟我们其实是一样的。"两个童子将三人埋好，王阳明亲自去祭奠，并写了一篇祭文，其中一句："自吾去父母乡国而来此，三年矣，历瘴毒而苟能自全，以吾未尝一日之戚戚也，今悲伤若此，是吾为尔者重，而自为者轻也。"从中可以体会到王阳明自身跟那个暴死在赴任途中的官吏有许多相似：同样是来自京城，同样是远赴边地，同样是不知何日能归京回乡……王阳明从老官吏身上看到了自己的影子。我们自身有一部分是活在别人身上的，当我们说过的话影响了别人，当我们的行动激励了别人，我们的精神或思想就会寄托在别人的身上而更长久地存在下去。你对别人有多大的影响，就会在多大程度活在别人身上。所有我们关心过的人，也一定会反过来关心我们，我们对别人的关心，实际上是对活在别人身上的那一部分自己的关心。

"我为人人、人人为我"的口号，提过、又放下，批了、再提倡。这里有着时代的理解。主张"为人民服务"，当然要强调"我为人人"，但并不因此就否定"人人为我"。"人民"体现在个体之中。一部分人只提供服务而不享受服务，"为人民服务"就失去了一部分服务对象。"人人为我"的合理诉求随着时代的发展应该逐步满足。总是忽视个人正当利益追求，必然影响个人活力和创造力的发挥，最终影响经济社会的整体发展。我们“常人”照此“常做”，和谐社会将一定能够梦想成真。

1963年3月5日，毛泽东发出号召：“向雷锋同志学习！”几十年来，无论社会生活怎么变迁，“雷锋精神”对无数中国人心灵世界的影响塑造却从未改变，成为承载一代代人理想信念的精神丰碑。今天，雷锋精神依然在构筑着精神的高地，寄托着美好的期望，学习雷锋依然有着强烈的现实意义、时代价值。

“如果你是一滴水，你是否滋润了一寸土地？如果你是一线阳光，你是否照亮了一分黑暗？”50多年前，雷锋以对党的无上忠诚、对祖国的无上热爱、对人民的无限深情，为年轻的共和国提供了精神动力，树立了历久弥新的道德标杆。今天，处于战略机遇期与矛盾凸显期的转型中国，更需要强大的精神力量破浪前行。永不褪色的雷锋精神，正是我们建立自信、增强认同、激发热情、积聚能量的源泉。“雷锋精神”是方向、是力量，指引我们坚定不移地走下去！时代呼唤“雷锋精神”，时代也必将造就无数个“当代雷锋”。

家住山东招远市蚕庄镇柳杭村的90多岁高龄老人刘盛兰，靠捡破烂为生，以粗茶淡饭度日，却在一生中资助了很多贫困学生和需要帮助的病人。老人说：越帮助人，拿出的钱越多，心里越好受。特别是看着穷孩子上学的笑脸，憧憬着他们以知识改变命运的未来，心里就有说不出的高兴。老人就是在这幸福的品味中，安贫乐道、默默奉献，生活虽艰辛而清苦，可心灵却在彼此的温暖中感受着生命的意义。

每个人的心灵都是别人的镜子，他人如何折射你，取决于你用人性的哪一面去温暖和照耀对方。人类从来就是一个命运共同体，感受弱者的心跳，用心去帮助那些渴望帮助的人，会让人获得心灵的慰藉，体会到幸福的滋味。“雷锋精神”需要用心去品、去悟，更需要用实际行动铸就。

他人意识也有“度”。“无过无不及”是最理想的“度”。意识到这个“度”，感悟到这个“度”，努力把握这个“度”吧！

9. 会学——生活基础

“不学习就灭亡”。会学，才能生活，才会创造新生活。

会学是生活能力的基础

能力，是人依靠自我的智力、知识、技能认识世界、改造世界展现的心身能量。能力，是社会发展“以物为本、以人为本、以能为本”规律性的阶段标志。物竞天择，适者生存，实质是说人要生存，必须有适应变化的能力。达尔文说：“在物种演变的过程中，最后存活下来的并非是最强大的，而是最能适应变化的。”实质是说物种要生存，必须有最能适应变化的能力。能力与生存是因果关系，能力是因，生存是果，不种因而求果，求而不得；先种因后求果，水到渠成。能力与知识是因果关系，知识是因，能力是果，只有先学习知识，才能获得能力。

学习，是一种生存的手段和方式，会学习是一种拥抱未来的能力。从生活上的点滴小事，到传承文化知识、创造美好生活的大事，只有学习才能学会，只有会学才能学好。学而才能知之，非学无以成才。会学，是生活的本有元素，更是生命的基础元素。会学，是先天禀赋和后天努力的集成元素，更是生活、生命质量的决定元素。“不学习就灭亡”，只有终生学习，才能笑到最后、笑得最好。

会学，就是会学习，掌握知识的完整性获取一般能力，掌握知识的有机构成获取重要能力。“知道主义”“低水平勤奋”是会学习的最大陷阱，应该避免。“只唯书、不唯实”的“本本主义”是会学习的最大障碍，应该消除。

会学，就是爱学习，学如逆水“爱”不退，学海无涯“会”作舟。爱学就要善学，学海航行“善”作桨，学风浪高“思”为帆。爱学是一种态度、一种责任、一种习惯；善学是一种思维、一种能力、一种效率。会学才会生活，会学才会创造新生活。

会学，就是会应用，将知识与实践相结合是有效应用，用裂变知识去解决实际问题是创新应用，用创造知识引领进步才是一流的会应用。创造知识、创新科学，要以人为本、以道德为素养、以科学的世界观和方法论为指导。

人，可以没见过每一条河流，但，却不可以没见过大海。

学而活之。生活的第一要义是生存，不能生存就是“零”的意义。从人生经历看，无论是顽童阶段、上学阶段、工作阶段、退休阶段，都少不了学习，离不开会学习，甚至“不学习就灭亡”。“人非生而知之者”，诸如把饭吃到嘴里这些简单的事，都是后天所学的。学而知之，学而活之，会学习乃生活自身本质的基本元素。美国前国务卿赖斯曾说过，“教育改变了我和我的家族”。会学习，才能改变人生、改变命运。从时代的发展看，“终生学习是21世纪的生存概念”，在今天这样一个知识爆炸的时代，一天不学习，就可能成为“睁眼瞎”“新文盲”，只有爱学习、会学习，才能“活明白”，才能在时代里徜徉。人类的实践也已经证明，无论是个人还是组织，都要终生学习，都要终生会学习，“问渠哪得清如许，为有源头活水来”，只有成为“学习型的人”，成为“学习型的组织”，才能在当下的时代里书写属于自己的篇章。

学而强之。体强抗病，国强抗敌，这是极普通的道理。世界近代史一次、二次、三次工业革命的成功，充分证明了“知识就是力量”，知识引领世界。在漫长的古代历史上，中国曾因掌握诸如“四大发明”之类的先进科技而走在世界前列，但是近代故步自封、科技落后，1840 年以后逐渐沦为半封建半殖民地的国家而饱受欺凌。中华人民共和国成立后，特别是改革开放以来，明确了“科技是第一生产力”，思想解放了，科学的春天来了，“知识经济”引领经济社会实现了跨越式发展，我国一跃成为世界第二大经济体。今日之中国谁敢来犯，必败无疑。

学而创之。学如逆水行舟，不进则退，“踏步”不只是“不前”而是“退步”，“进步”不只是“向前”而是“跨步”，一退一进相差甚远。创新、创造既是进步又是跨步，既能守住“阵地”——巩固已有的，又能攻下“山头”——解决发展的。但这一切都源自知识的力量、学习的力量。会学习是高起点思考问题、高起点求新求变、高起点充电冲击的关键，是创新创造的基石、动力和起点。创新、创造改变世界、引领世界，过去、现在如此，未来也是如此。

会学，综合看，需要一种“我要学”的态度，需要一种适合自己的学习方法，需要一种理论联系实际的学风，需要一种“终生学习”的坚持精神。

会学的态度是“我要学”

“人贵有自知之明”，如果明白了“不学习就灭亡”“知识就是力量”“落后就要挨打”“创新是不竭的动力”的道理，如果品尝过这些道理与实际结合的滋味，“我要学”的态度就会端正、就会坚定。

谭双剑，电影《暴雨将至》主人公的原型，是参加2008年北京奥运会“鸟巢”建设的首席电工。他1980年出生于河北的一个普通农家，16岁念完初中一年级，因家庭困难，辍学务农。不服输的他后来闯到北京的一家基建工地做小工。一次在顶楼干活，他看到几位电工正在安装一根粗大的“天线杆”，十分好奇。工友告诉他：“这叫避雷针，城市里每幢楼房都有。”他暗想：如果能掌握一点儿技术，至少比当小工有前途啊！这时，他开始有意识地留意这门“有技术含量”的工作。有时电工中午赶活儿，他顾不上吃午饭，带上安全帽跑去看人家怎么操作，一来二去成了朋友，不时得到一些指点。到了年底，许多工人都回家过年去了，电工尤为紧缺，初步掌握电工技术的他，主动请缨。经过几天的时间，他能独立操作了，工资也比原来高出两倍。但他并不满足，向同事借来电工进修专业教材，又从书店买回电工书籍，一边自学，一边在实践中摸索。1999年他考取了行业认证的高级电工证书。这年冬天，在一项弱电工程中，一个小组安装的配电柜出了故障，他自告奋勇，经过20个小时的抢修，排除了故障，避免了数万元的误工损失。后来他报了夜大学习班。晚上工友都早已入睡，他却还捧着书本研习工程管理方面的知识。经过两年多的努力，他陆续拿到了建筑行业中的项目经理证书、工长证书、工程师证书。2002年，他组建了自己的施工队伍，专门承接电路电气工程。员工越来越多，工程越接越大，现代城、东方广场、友谊医院、商务部、外交部等都留下了他的身影，一些工程还得了优质奖。2005年初，经过层层筛选，他率领的团队开始奋战在“鸟巢”现场。他每次到施工现场都像特工一样，关掉手机，扫描着每一个细节，保质保量。2007年底，他承揽的弱电工程顺利完工。作为建设功臣，他的名字被刻在了纪念柱上，他的事迹被拍成电影，他还应邀参加奥运会开幕式。谭双剑回顾这段艰辛的历程时说：“我想告诉和自己一样的朋友，即便榜上无名，只要肯吃苦，善动脑，脚放正，就能蹚出一条星光大道！”

会学的方法是适合自己

学习方法，因人而异，会学习一般来说：一要善规划。“学海无涯”“学无止境”，占领学习高地，规划是最好的路线图，可以避开弯路、捷足先登。学习规划不拘一格，如长期与近期相结合、系统与分步相结合、用啥学啥与急用急学相结合、“杂家”与“通家”相结合，等等。不论何种规划，都要以适合自己为主，适合的就是最好的。二要善选择。“书犹药也”，书籍自产生以来就良莠并存，有精华也有糟粕。正所谓“读好书，明事理”，读好书可以纯洁人的心灵、陶冶人的情操、丰富人的知识、增强人的才干。三要善思考。孔子说，“学而不思则罔，思而不学则殆”；李贽说，“学人不疑，是谓大病”。只有疑，才生思；只有思，才启信；只有信，才敢践；只有践，才能进。鲁迅说过：“读书应自己思索，自己做主。”尽信书则不如无书，康熙皇帝当年质疑“囊萤”典故，令人捉来数只萤火虫装进白绢缝制的口袋（练囊）里，却发现并不能用来照明读书，叹曰：“读书不可尽信也！”李四光当年大胆质疑“中国贫油论”，从而提出了新的地质构造理论，找到了大油田，摘掉了中国“贫油”的帽子。由此可见，善思考、尤其善于独立思考的重要。钻其深、悟其透、识其道、思其实，问其疑，才能有创见，才算是真的会读书、会学习。

会学的学风是理论联系实际

解决实际问题的理论是有力量的理论，学以致用的学风是宝贵的学风。

理论联系实际，是我党的优良传统。中国共产党始终坚持马克思主义中国化，紧密结合革命与建设的实际，改造主观世界和客观世界，并把“理论联系实际、批评与自我批评、密切联系群众”作为胜利的三大“法宝”。习近平在考察广东工作时说，一些人认为共产主义是可望而不可及的，甚至认为是望都望不到、看都看不到的，是虚无缥缈的。这就涉及世界观问题，是唯物史观还是唯心史观。唯物史观认为，世界发展是有规律的，这个规律是可以认识、可以把握的，马克思主义就是我们认识世界、把握世界的科学方法论。而唯心史观不能客观认识世界，认为世界就是人可以任意裁剪的。我们的一些同志之所以理想渺茫、信仰动摇，根本的就是历史唯物主义观点不牢固，不知道人类是从哪里来的、要到哪里去，不知道历史是怎样走过来的、要怎样走下去，也就不知道自己过去哪些做对了、今后怎么做才对。

对马克思主义的信仰，对社会主义和共产主义的信念，是共产党人的政治灵魂，共产党员尤其是领导干部，应该不断学习，反思自己的世界观和方法论，提高分析和解决实际问题的能力，提高“今后应该怎么做才对”的能力。

理论联系实际的最好成果、最高目标是创新。韩愈曾说，“师于古而不拘泥于古，师其意而不师其迹”，齐白石也曾说，“学我者生，似我者死”，都是强调学习不是复制，而是得其神而能有创新，不是单纯的模仿，而是在前人的基础上加上自己的想象力。马克思把想象力称为“十分强烈地促进人类发展的伟大天赋”。爱因斯坦认为，想象力之所以比知识更重要，是因为知识是有限的，而想象力则概括着世界的一切。理论联系实际的创新，就是冲破现有知识和经验的限制，就是冲破思想上条条框框的束缚，让人们的积极性、创造性，像火山一样爆发出来。我们正处于建设中国特色社会主义的时代，需要拼知识、拼智慧、拼头脑，激发想象力、激发创新精神，干一番前人所没有干过的事业。

会学就是学习的创新。苏东坡曾总结自己的读书方法说：少年为学者，每一书皆作数过尽之。书富如入海，百货皆有。人之精力，不能兼收并取，但得其所欲求者尔。故愿学者每次作一意求之。如欲求古今兴亡治乱，圣贤作用，但作此意求之，勿生余念。又别作一次，求事迹如实，典章文物之类，亦如之。他皆彷此。此虽钝，而他日学成，八面受敌，与涉猎者不可同日而语也。

用今天的话说：一是每一本好书都要好好的反复读，“不厌百回读”和“熟读熟思”；二是定向专一，不能泛泛读，将书的内容列出专题，一次一题读、逐题专读、勤勤恳恳、心无旁骛；三是长期坚持，他日学成，所学到的知识能应对如流，能“八面受敌”；四是这种读书方法看来是“愚钝”得有点笨拙，但实际上这是读书最聪明所为。苏东坡这套读书方法，和他一向倡导的读书要做到“自达”“自得”“自胜”是一致的。所谓“自达”，就是启发读书的自我要求，“我要读”，而不是“要我读”；所谓“自得”，就是读书善存疑，多思考，依靠自己去体会感悟；所谓“自胜”，就是要在“自达”和“自得”的基础上加以总结，战胜自我，破除自我，最后展示一个读书后的崭新自我。这种读书方法是会学的典范，人人应该学习借鉴，努力提升“自达”“自得”“自胜”的“会学”“三境界”吧。

曾任国家主席的杨尚昆，一生钟爱读书，把读书看作与吃饭同等重要的事。“在他青少年时代，他就立志要做‘新社会的催生者’，为此他读了大量的书籍，以丰富学识，开阔视野。在他生命中最灰暗的时刻，正是那些泛黄残损的线装书陪在他身边，与他一起挺过。”他的读书方法是精读与速读并重。“对于政治类书籍，如《列宁全集》，他每次读都会做批注。而对一些文艺类书籍，他则会采取一目十行的速读法，只看精要，不论情节。”“杨尚昆之所以能有深厚而广博的学识，有过人的见解，关键在于他读书多，而且会巧读书。杨尚昆很重视精读，对于重要的图书，他采用精读的方法。”“杨尚昆的儿子杨绍明透露说：杨主席爱小说，但他是一个政治家，非常忙，他是晚上洗澡后，睡觉前，读一本厚厚的新的文学小说。”“新的书也是一夜一本就看完了，他一目十行，他每天在毛主席身边处理很多的机要文件有这个能力，这是他的文化积淀比我们这辈深入很多，是我们不可比拟的，是我们望尘莫及的。所以，我们读书不可全部精读，也不可全部速读，而是应该学习杨尚昆，该精读的精读，该速读的速读。”①

① 徐文钦. 杨尚昆：精读与速读并重［N］. 中国剪报，2011-09-14.

会学的精神是坚持“终生学习”

“坚持就是胜利”，懂得坚持的意义，才能坚持“终生学习”，从而“无时不可学，无处不可学，无人不可学”，而懂得坚持学习的方法，才能坚持学有所成的“终生学习”。

“一万小时天才理论”认为，达到事业的最高境界，需要经历至少一万小时的刻苦学习，也就是连续10年，每天3小时，任何人都不例外。“知识折旧率”显示，一年不学习，你所拥有的全部知识就会折旧80%。人才学中的蓄电池理论表明，一块高能电池蓄电量是有限的，只有不断地进行周期性充电，才能可持续地释放能量。身处信息时代，不落伍、不掉队的方法只有坚持学习。只要坚持学起来，学习永远不晚。

坚持学习的形式、方法很多，比如习惯性坚持：像毛泽东，偌大一张床，有三分之一是用来摆书的，并说：“饭可一日不吃，觉可一日不睡，书不可一日不读”。比如挤时间坚持：像雷锋，时间就像海绵里的水一样，你挤他就有；像鲁迅利用别人喝咖啡的时间来学习和思考。比如随时随地坚持：像欧阳修，“马上、枕上、厕上”的治学经验；像5分钟读书法，就是有时间就学一点，因为100个5分钟就相当于8个多小时，尤其是有的思想观点是在这5分钟内产生的。比如边学边干坚持：中国共产党的学习品质就是最好例证，像既能在“有分析有批判地学”中“吸取一切文明优秀的成果”，又能有力克服“本领恐慌”；像既讲求“从战争中学习战争，在游泳中学会游泳”，更敢于在“没有现成答案”中“大胆地试、大胆地闯”。这些事实证明了一个道理：经历系统学习之后，谁能坚持随机学习，谁将取得进步；经历过学校里的学习，谁能坚持学校外的学习，谁将取得进步。这与哲人说的“人与人的差别在业余时间”是同一道理。无论哪种形式的坚持，都能成为乐趣，成为常态，一天不坚持好像缺点什么，“求学如登山，坚持了始可登顶”。坚持不一定学会，不坚持一定学不会。

“枕边厕上三余后，瀚海神游好快哉。月下贪吟嫌夜短，梦中呓唤取书来”。就像歌德说的那样，读一本好书，就是在和高尚的人谈话而不知疲倦。“道由白云尽，春与青溪长。时有落花至，远随流水香。闲门向山路，深柳读书堂”，有时候生活可能并不需要太多额外的东西，一溪风月，一盏残灯，数卷黄页，也未尝不是一种让人心旷神怡的生活。

10. 会看——谋而后动

会看势者必有所成，善谋事者必成大事。

会看是谋事能力的基础

会看，是会观察、会分析、会判断、会谋事的通俗说法。会看的能力在于看明白、活明白。看明白是观察能力、分析能力、判断能力的集合，活明白是谋划能力、筹划能力、策划能力的集合。看明白是活明白的前因，活明白是看明白的后果。

会看，是一种哲学观点，“实事求是”地看，“一分为二”地看，“透过现象看本质”地看、“具体问题具体分析”地看。总之，就是要坚持运用马克思主义辩证统一的哲学观点看世界、看一切。比如，看一枚鸡蛋，从外面打开是食物，从里面打开是生命，这就启示人们看事做事，不能“杀鸡取卵”急功近利，而要“以卵孵鸡”生生不息。比如，看工作就要“一分为二”地看成绩、看问题；“透过现象”地看本质、看规律；“具体分析”地看发展、看大势，进而“谋定”地看明白，“后动”地看行动，争取新的成绩。比如，看形势，形势体现为一种潮流，浩浩荡荡，摧枯拉朽；形势反映出一种规律，顺之者昌，逆之者亡。“虽有智慧，不如乘势”，讲的就是把握形势的重要性。比如，看天下大道，“道”的本义是人生走的路，引申为规律、原理、准则、宇宙的本原与本体等。老子主张“道生万物”“万物负阴而抱阳，冲气以为和”，其实就是“和生万物”，简称为“和生”。“和”是中华传统文化的核心范畴之一，是万国安宁、和谐共处的天下大道。

会看，是一种思维方式，看人、看事、看物的思维方式不同，思维效果也不同。比如，蒸汽机是由开水壶盖冲动想到的，飞机是由小鸟在空中滑翔想到的，牛顿的万有引力定律是由苹果从树上掉下来想到的。如此等等，说明看是观察、想是分析、印象是判断，判断是谋划，谋划是结论。结论就是“看明白”了是什么、为什么、做什么，可见，“看”即“谋”，“做”即“动”，谋而后动，才能“看明白”。一般而言，看明白就会做明白，看不明白一定做不明白。但是，有时候看明白了也可能做不明白。如同“对症下药”，症对、药对病就好得快，如果症对药不对，病就好地慢，甚至还会出现其他问题。

谋事在人，成事在“会看”。看是前提，谋是核心，动是关键，实事求是、辩证统一地“会看”是真功夫。会看势者必有所成，善谋事者必成大事。

“情况明，决心大”。

这是经验之谈，也是成事、成功的基础。“情况不明决心大”，就像走路迷失方向一样，背道而驰、南辕北辙，离成事、成功越来越远。“情况明”缘于会观察、会分析、会调查、会研究，也就是“会看”。“没有调查就没有发言权”，不会调研就不会有正确发言。只有调研明白，才会情况明白“决心大”，才能干明白、干成功。

1938年5月，日军侵华气焰正盛，国民党军队丧师失地、节节败退，整个社会弥漫一种悲观主义的论调，与此同时，国民党内一部分人幻想依靠外援迅速取胜。中国往何处去，迷雾重重。当此之时，毛泽东经过“观察分析”“审时度势”地提出了著名的“论持久战”，指出抗日战争必将经历“战略防御阶段、战略相持阶段、战略反攻阶段”才能获得最终地胜利，有理有据地驳斥了“亡国论”和“速胜论”，既谋定了抗战胜利的路线图，又增强了全国人民抗战必胜的自信心。

“中国农村改革之父”杜润生，1980年在中央长期规划会议上，提出先在贫困地区试行包产到户的设想，得到了姚依林的支持、邓小平的赞同。但在下半年省市自治区党委第一书记会议上，很多人对包产到户的提法不明确支持，甚至还发生了激烈的争执，会议一时间无法继续。杜润生、胡耀邦、万里商量对策，杜润生巧妙地斟酌措辞改写文件，最终形成著名的1980年75号文件，“包产到户、大包干到户责任制第一次取得了合法地位”。1981年杜润生率调查组分赴各省实地考察之后，又主持起草了被称为农村改革的第一个一号文件（1982年元旦发布），文中“取消了包产到户的禁区，尊重群众根据不同地区、不同条件自由选择，同时宣布长期不变”，“结束了‘包产到户’30年争论”。[1]

可见调查研究是“情况明”的基本方法，是“决心大”的必要步骤，是做成事的关键环节，也是做好领导要求的基本功。

“透过现象看本质”。

这是哲学命题，也是成事、成功所需要的能力。本质与现象是揭示事物内部联系与外部表现相互联系的一对范畴。本质是事物的内部

① 贾世煜. 确立“包产到户”合法性［N］. 中国剪报，2015-10-15.

联系，决定着事物的性质和发展趋势，单一、稳定、深刻；现象是事物的外部联系，是事物的外在表现，比较丰富、多变、表面。比如，中医诊病，是透过“望、闻、问、切”的“现象”，看准病症、病因的“本质”，从而辨证实施“对症下药”的治疗。又如，第二次世界大战期间，苏军的某部队，在德军的阵地上，突然发现一只“名贵猫”。分析认为，战争年代士兵不可能养猫，这猫肯定是高级军官的宠物。因此判定这是一处德军高级指挥部。随后，苏军成功地捣毁了德军的指挥部，轻松地取得了那场战役的胜利。

本质和现象是对立的统一，是事物的两个不同方面。它们既有联系，又有区别，事物的本质往往蕴藏于纷繁复杂的表象之下，认识事物的本质要比看到事物的现象困难很多。马克思曾说：“如果事物的表现形式和事物的本质会直接合二为一，一切科学都成为多余的了。”会看，就是科学地看，不被表象所迷惑，而被本质所驱动，见一叶落而知天下秋。

“谋定而后动，知止而有得”。

这是一种思维方式，也是成事、成功的保障。做任何事情，只有事前准确谋划而后行动，知道选择合适时机收手，才会有所收获。“谋”的自身不仅包含着“会看”，会看情况、会想计划、会定行动，还包含着思维缜密，执行坚定，收放有度，效果为大。汉代杨雄在《法言义疏》中说：“珍其货而后市，修其身而后交，善其谋而后动，成道也。”意思是说，一件好的东西要珍藏到最值钱的时候才可卖出；一个人要经过悉心学习修炼方可出去交际；一项好的计划要经过精心运筹完善后方可付诸行动。

有一位道德模范，是从事杀猪卖肉的个体户。一天，一位衣服破烂的老乡眼睛直勾勾地看着架子上的肉，既不买，也不走。他心里忽然明白，拿起刀割下一块肉，顺手递给老乡。出乎意料的是，老乡并没有接他递过去的肉，反而转身就走。看到街上人来人往，他忽然明白了，一定是自己的行为太像施舍，让老乡觉得自己是在可怜他。他立即拎着肉，悄悄地跟在老乡后面，直到走到一个偏僻的地方，追上去诚恳地说："今天肉不好卖，你就帮帮忙，先赊一点儿，等有钱了再给我。"老乡眼圈泛红，接过肉，连声道谢。这件事让他明白，光有一颗帮助别人的心还不够，还得讲究方式，让别人乐意接受你的帮助。还有一次，他救下一名溺水儿童，知道对方没钱读书时，干脆认对方做干儿子，这样，逢年过节时，就可以名正言顺地多给孩子零花钱。从小学到初中，"干儿子"就是靠着这些零花钱，一步一步走出了困境。如此等等的这些事，他一做就是 19 年。他体会到，"每份尊严都值得尊重，即使是那些需要帮助的弱者，他们也有自己的尊严，他们的尊严也需要别人尊重"。

如此看来，行善不要以"富"怜"贫"、以"强"助"弱"；不要分"远"分"近"、分"先"分"后"，但是，一定要"谋定而后动"，谋的不只是物质上的援助，而重要的是精神上的尊重，不仅要看到贫弱，更要看到尊严。

"观"，作为动词理解，是"看"的意思。但"观"作为名词理解就不一样了。比如"世界观"，这个"观"就是"看"世界的方法了，而且是对于整个世界的总的、最根本的看法。看世界基本有两种方法：一种是用联系的、发展的、全面的观点看世界，这是唯物主义辩证法；一种是孤立的、静止的、片面的观点看世界，这是形而上学的方法。世界观不同，观察和处理问题的立场、观点、方法也就不同，从而在指导实践中所起的作用也不一样。

人们对自然、社会、国家、人生、道德、恋爱、婚姻、苦乐、审美、生死等都有自己的看法，也就形成了不同的“观”。方志敏烈士在《可爱的中国》一文中写道：为着阶级和民族的解放，为着党的事业的成功，我毫不稀罕那华丽的大厦，却宁愿居住在卑陋潮湿的茅棚；不稀罕美味的西餐大菜，宁愿吞嚼刺口的苞粟和菜根；不稀罕舒服柔软的钢丝床，宁愿睡在猪栏狗巢似的住所……

方志敏为什么能以苦为乐、甘之如饴，为可爱的中国奉献热血和生命？就是因为他具有共产主义的世界观。

“一分为二”看世界。

“一分为二”是对事物可分性的通俗表达。毛泽东说过，事物都是“一分为二”的。在人类社会和自然界，“统一体总要分解为不同的部分”，只是在不同的条件下，内容形式不同罢了。“统一体”要一分为二，看问题、看事物也要一分为二。这样“看”，才能全面、客观，才能更好地把握问题或事物的本质、规律，克服主观主义“想当然”的错误。“一分为二”地看自己，就会知道自己的“长”和“短”，进而扬长避短；“一分为二”地看他人，就会欣赏他人之“长”，包容他人之“短”，进而学长补短；“一分为二”地看工作，既会看到成绩，又会看到问题，进而肯定成绩，整改问题，争取获得新的成绩；“一分为二”地看形势，既会看到有利的一面，也会看到不利的一面，进而抓住机遇，迎接挑战，夺取更大的胜利。比如，党的十八大报告之所以“把问题讲够，把困难讲透”，就是为了警示全党，不能躺在功劳簿上，骄傲自满、故步自封；就是为了在前所未有的挑战面前，少走弯路、少摔跟头；就是为了在世所罕见的考验面前，保持党的品格、党的风骨。不讳言问题，不回避矛盾，充分体现了中国共产党人的高度自觉、高度自信。

“看”与“做”是一对孪生兄弟，通过“看”，从宏观上谋划，从中观上筹划，从微观上策划，“看”得准、透、深，做得就会好、快、实，经得起历史的检验。当然，这需要科学的方法，还需要科学的勇气。

要会“看”具体。

这个“看”，是具体问题具体分析的一种方法。这也是“看”的一种方法，就是一切从实际出发，具体地分析实际情况。这种“看”怎么“操作”呢？第一，坚持矛盾观点，即遵循矛盾普遍性原理，具体分析矛盾的特殊性，并找出解决矛盾的正确方法。第二，矛盾特殊性分析，包括对不同事物的矛盾作具体分析；对同一事物的不同阶段的特点作具体分析；对同一矛盾的不同方面作具体分析。同时，也要充分发挥主观能动性，注重在矛盾运动中把握规律，注重做到主观客观相统一。

美国的金门大桥建成通车不久就出现了严重的堵车现象。为缓解交通压力，美国政府决定再造一座大桥，于是向社会征集大桥的方案。就在沸沸扬扬争论造什么样的桥的时候，一位年轻人提出了一个很好的建议：将现行由居住区到办公区的 4 车道和由办公区到居住区的 4 车道即“4 + 4”模式，改成上班时间为“6 + 2”模式，下班时间为“2 + 6”模式，就会缓解堵车问题。因为上下班的车流是相反的，桥两边的车流量在不同的时段其实并不均匀。经过讨论采纳这个建议后，大桥塞车的问题果真迎刃而解。这个好点子为政府节省了上亿美元，年轻人也因此获得千万美元的奖金。更重要的是政府这一举动促使广大民众纷纷开始培育自己的创新思维，推动国家的发展。

这里不难看出，“堵车”普遍性矛盾在金门的特殊性，早晚高峰不同时段有着不同的堵车原因，所以，顺其早高峰车道模式调成“6 + 2”，顺其晚高峰车道模式调成“2 + 6”，具体分析堵车的具体情况，找到了简便易行、节约资金的解决办法，难能可贵的是培养了民众创新的精神。

要会“看”矛盾。

这个“看”，是如何认识、分析、处理矛盾。日常生活中，我们常说“没有矛盾就没有世界”“不能眉毛胡子一把抓”“不希望有事，有了事不怕事”等类似的话，其实这些话里就包含着如何认识、分析、处理矛盾的意思。“没有矛盾就没有世界”，说的是世界每个角落到处都存在着、充斥着矛盾。因为，矛盾的存在形式是对立的、统一的，是运动的、转化的。这不仅说明矛盾的普遍性和绝对性，而且还说明矛盾的特殊性和相对性以及斗争性和同一性。“有了事不怕事”中的“事”，说的也是矛盾，“不怕事”就是不怕矛盾，不怕是“正视”，正视矛盾才能解决矛盾。矛盾不会因为“怕”而消失，只有迎上去“不怕”，才会解决、才会进步。“眉毛”“胡子”，说的也是矛盾，而且是代表“主要矛盾和次要矛盾”，所以“不能一把抓”，只有抓住了主要矛盾，才能解决问题。

矛盾是事物发展的源泉和动力，矛盾的观点是唯物辩证法的根本观点。坚持“一分为二”“具体问题具体分析”“事物矛盾的法则”看世界，才是会“看”，才能“看”得明白，“看”出结果。

《透过纷乱，看清中国的舆论主流》是《环球时报》2012 年 2 月 14 日的一篇社评。文中透过“乱”，不仅看清而且肯定了“主流”：

> 当前中国社会舆论的表象大概是几十年来最乱的。但乱纷纷之中，一些新的轮廓在逐渐形成。根据环球舆情调查中心反复进行的公众意见抽样调查，以及根据对环球网及各新闻网站舆情的分析，我们得出以下看法。

第一，中国人有很多具体的不满，观念多元化发展得很快。围绕传统政治概念出现了很多思考甚至困惑，官方的政治口号大多失去了过去时代的凝聚力量。但与此同时，社会对国家现状有大的满意，对国家进步能力抱有信心。中国仍是总体上心态积极的社会。

第二，绝大多数中国人支持改革，“渐进式改革”逐步成为中国社会对改革的主流态度。主张激进变革的人在不断减少，主张“革命”的人就更是少之又少。

第三，“民主是好东西”作为基本价值判断，不再具有争议性。认为应建设民主，也已是共识。与此同时，很多人担心中国对民主进程把握不好，导致国家混乱。他们对民主的内涵有疑惑，比如他们不能确定民主是否只有西方通行的一种模式，以及不清楚民主如何与中国这样的社会接轨。他们希望国家在通往民主的路上走稳、走好。

第四，维护国家稳定在中国社会的支持率很高。在嘲弄“维稳”的人中，很多是反对以“维稳”当借口拖延必要的改革，反对把具体政府部门甚至具体官员的利益，伪装成“维稳”的条件来保护。对于把“阿拉伯之春”引入中国的类似企图，绝大多数老百姓都持反对态度。

所有关心中国前途的人，都应大致看清中国社会当前的思想状态，不被局部的现象迷惑，不被夸张的解读吓倒。领导干部们尤其不能看错中国，这是不“带错中国”的前提。

要会“看”本质。

这个“看”，是对事物的正确判断，也就是要看到事物的本质，而不能被表象所迷惑。看到事物的本质，就是看到事物的根本，进而判断是非对错，才能找准关键点，“以理服人”。清朝人纪昀在《阅微草堂笔记》中，记述了这样一个故事。

有个人做梦来到了阴曹地府，透过昏暗的光线，他看见一个官员跪在阎王殿前，苦苦喊冤，声称自己生前是一个清官，从来都是廉洁奉公。无论到哪里探访，都只是喝一碗清水而已，绝对无愧于天地。阎王听后笑着说：“朝廷派地方官，目的是为地方百姓谋福，官吏应该兴利除弊，如果好官的定义就是不贪赃枉法，那么还要人有何用，只需在堂中设一木偶，这样连喝水都会省去，岂不更胜于你？”官员不服地答道：“我虽然没有做出功绩，但是也没有犯什么过错啊！”阎王又说：“你为了保全自己，处处不敢为民请命，因为某犯人与朝廷高官有联系，就放任其胡作非为；因为害怕劳神办案，就将一件件案子积压不审，造成百姓的诸多怨恨，你岂不是辜负了朝廷对你的期望，同时又辜负了百姓对你的信任？无功就是过啊！”官员听了阎王的话无言以对，只得乖乖听判被打入十八层地狱。

“肯取势者可为人先，能谋势者必有所成”“一枚鸡蛋，从外面打开是食物，从里面打开则是生命”，生命成长如果不冲破包裹自己的蛋壳，很难有所造诣，事业发展也同样如此。风口浪尖，唯有看透看准、敢闯敢拼者方可获胜。时不我待，责任万千。“党看干部主要就是看‘肩膀’，看能不能负重，能不能‘超负荷’。”敢于担当的干部，不仅不推诿不卸责，而且能变“矛盾击球手”为“难题终结者”，走的是解决问题的正确之道，担的是最起码的为政之责。“盖有非常之功，必待非常之人”，其实人人皆可成为非常之人，只要心中激发愚公精神，胸怀“改天换地”的壮志豪情，在其位、谋其政，尽其责、成其事，就一定能给历史和未来一个响亮的回答。

11. 会干——总结发展

会干是成功之母，会总结是成功之父。

会干是成事能力的基础

会干，是想干事、懂干事、能干事、干成事、不出事、好共事的统称，也是实干+能干+巧干的简称，还是干就干好、不干拉倒的代称。

会干，要实干，就是在想干事、懂干事的基础上，弄清楚地干、迅速地干、带头地干、有效果地干，实干是会干的原则和态度。会干，要能干，就是在实干的基础上，能干事、干成事、不出事，不仅有领导力、落实力、执行力，而且还有扫除力，能干是会干的效率和能力。会干，要巧干，就是在实干、能干的基础上，善干事、好共事，懂包容、讲配合、会总结，巧干是会干的方法和智慧。会干，是一种自信，是一种决心，是一种动力，是一种“干就干好、不干拉倒”的思维。

会干，要会发展。马克思说，“一步实际行动比一打纲领更重要”，古人说，“空谈误国，实干兴邦”。直白的道理是，“天上不会掉馅饼”“一百次心动不如一次行动”，有春绿必有秋黄，会干才能圆梦发展。会干是发展的必要前提，会干是发展的必需条件，会干是发展的必经程序，会干是发展的硬道理。

会干，要会谋划。会干要有理念，知道为什么干；会干要定目标，知道干什么；会干要讲执行，知道怎么干；会干要善总结，知道干的怎么样；会干要想未来，知道干成什么样。有理念、定目标、讲执行、善总结、想未来，是会干的内核，是实现发展的硬能力。

会干，要会总结。毛泽东说过，打了胜仗要总结，打了败仗也要总结。总结，是对实践的检查、评价，是对经验教训的分析、研究，是对创新发展的决策、要求。总结是成功之父，总结是胜利的老师，总结是创新的源泉。只有会总结，才能撞击出创新发展的火花、思路和蓝图。创新发展好比是水，能浇灌出成功之树；创新发展好比是火，能点燃希望之灯；创新发展好比是灯，能照亮人生之路。“欲渡黄河冰塞川，将登太行雪满山”，只有会干，才能在发展的道路上一路顺风。

会干是一种实际需求。发展是硬道理，会干是发展的硬道理。多、快、好、省，高质量、高效益是会干的标准，也是会干的追求。邓小平说，“世界上的事情都是干出来的，不干，半点马克思主义也没有”。新中国的成立，靠的是会干，全面建成小康社会，靠的还得是会干，实现中华民族伟大复兴的中国梦也必须靠会干。无论是理想还是事业，无论是经济还是社会，无论是个人还是团体，无论是生存还是发展，细细想来，解决这一切问题，都需要会干，都必须发展会干。

会干是一种效益理念。效率、效果、效益的概念，既互相联系，又有区别。一般来说，效率强调的是一种投入产出比，是“正确地做事”；效果强调的是达到的结果，是“做正确的事”；效益强调的则是达到预期结果之后产生的效果与利益。由此可见，效率是原则，效果是要求，效益是目的。效益是会干的理念，效益是会干的标注。会干追求的效益是有效率、有效果的效益，而不是只有效率、效果、却无利益的效益。比如，发展中单纯追求 GDP 的高增速，而忽视效益的好坏，就犹如“瞎马临池”，是瞎干蛮干。2013 年黑龙江省地方税务局在社保费征收管理中，将按社保局列出的数额“照单抓药”，改革为按核实“费基”“开方抓药”，仅 4 个月的时间就增加收入 80 多亿元，这是向改革要效益，是会干。理念是行动的先导，理念也是会干的先导。效益不是喊出来的，而是干出来的。越会干就越有效益。如果说，干是加法，会干可能就是乘法。

会干是一种发展能力。“发展是第一要务”，发展决定“死”、决定“活”，而且决定“死”的速度、“活”的质量。会干就是会发展，会发展才是会干。中国改革开放 30 多年就发展为世界第二大经济体，比西方国家快了几十年。这是能力“会干”、胆识“会干”的结果，更是“理论自信、道路自信、制度自信、文化自信”的结果。会干是发展的出发点，也是落脚点；会干是发展的通行证，也是验收证。会干是一种价值追求，是一种精神气度，是一种身份的鲜明标识。会干的人，最有底气，也最让人服气。

善规划是会干的基础

规划是丈量进步的时空标尺。规划决定目标，目标决定行动。规划是奋进的号角，是发展的路线图，规划虽有短期、中期、远期之别，但都是有计划、有步骤的发展，都是积累发展再发展，直至发展理想的实现。

规划目标定向行动。锐始者必图其终，成功者必先计于始。“对一艘盲目航行的船来说，任何方向的风都是逆风。”哈佛大学有一个非常著名的关于目标对人生影响的跟踪调查，调查对象是一群智力、学历、环境等条件都差不多的年轻人，调查结果显示：3% 的人有清晰且长期的目标，25 年来，他们从未改变过目标，总是都朝着同一个方向不懈地努力，25 年后他们几乎都成了社会各界的顶尖成功人士，他们中不乏创业者、行业领袖、社会精英。10% 的人有清晰的短期目标并能不断地完成，这些人大都生活在社会的中上层，生活状态步步上升。25 年后他们成为各行各业不可或缺的专业人士，如医生、律师、工程师、高级主管等。60% 的人目标模糊，他们能安稳地生活与工作，但都没有什么特别的成绩。27% 的人 25 年来都没有目标，他们几乎都生活在社会的最底层，生活过得很不如愿，常常失业，靠社会救济，并且常常都在抱怨他人、抱怨社会、抱怨世界。规划目标，清晰方向，对人生巨大的导向作用可见一斑。

规划目标坚定信念。目标引导行动，信念汇聚力量。目标越清晰，信念就越坚定，也就越能激发自身的潜能和智慧。美国妇女弗罗伦丝·查德威克是横渡英吉利海峡的第一位女性，1952 年 7 月 4 日清晨，34 岁的她决定向卡塔林纳海峡挑战，从加利福尼亚海岸以西 21 英里的卡塔林纳岛游向加州海岸。那天，加利福尼亚西海岸及附近的太平洋洋面，笼罩在浓雾中，她一个人坚定地游着。终于，她感到又累又冷，就请求拉她上船。随船的教练及她的母亲都告诉她海岸很近了，不要放弃。但她朝加州海岸望去，浓雾弥漫，什么也看不到！

最后，在她的再三请求下（从她出发算起 15 小时 55 分之后）人们把她拉上船，此时她离加州海岸只有半英里！后来她总结道，令她半途而废的不是疲劳，也不是寒冷，而是因为在浓雾中看不到目标，迷茫的目标，动摇了她的信念，使她丧失了坚持的勇气。两个月后，没有了浓雾的笼罩，有了清晰目标的她成功地游过同一个海峡。

规划目标莫贵知要。知要须明要，明要，就是明察秋毫，明白要端，不为假象所骗，不被表象所惑；明要，就是知道事情的主要矛盾，明白矛盾的主要方面，从而知要务，明要道。“十三五”规划建议在起草时就坚持了这样的原则，建议提出要坚持目标导向和问题导向相统一，坚持立足国内和全球视野相统筹，坚持全面规划和突出重点相协调，坚持战略性和可操作性相结合，突出了前瞻性和指导性，准确把握我国基本国情和发展现状，科学预判未来 5 年乃至更长时期我国经济社会发展的趋势和变量，确保提出的目标和举措能够顺应发展趋势、引领发展方向。可谓知要、明要的典范。

善执行是会干的核心

实现规划目标靠的是落实，落实的核心在于有效地执行。如果说，规划目标是起点，实现目标是落点，那么中间的核心环节就是执行。如果说，规划目标是描绘蓝图，实现目标是落地生根，那么核心靠的还是执行。如果说，“按图索骥”执行中遇到新问题、新困难，需要攻坚克难、完善创新，那么靠的更是执行。所以说，事业的成功，三分靠目标，七分靠执行，这是实践的经典总结。

执行，就是“做”，是会做能干，亦称执行力。执行力就是完成预定目标的操作能力。如果没有执行力，规划目标的蓝图再美好，也只能是“纸上谈兵”“空中楼阁”，如果有了执行力，不仅能将美好蓝图变成美好现实，而且能创新发展美好未来。

执行力，就是要有操作能力。对于公务员来说，最基本的是要会办文、会办会、会办事，这“三会”就是落实工作预定目标的基本能力。办文，是用文字形式把预定工作目标层层部署下去，因此，要符合要求，熟悉程序。办会，是用面对面形式讨论落实预定工作目标中出现的问题和解决的办法，因此，要符合规定，开出效果。办事，主要是会调查研究。调查研究是国家和社会实现自我净化、自我革新、自我完善的一个重要制度机制。陈云曾说：“领导机关制定政策，要用 90% 以上的时间做调查研究工作，最后讨论做决定用不到 10% 的时间就够了。”

1995 年 11 月初，为了准备全国税务局长会议材料，国家税务总局办公厅按党组要求分赴北京、安徽、广西、广东、江苏等地调研。那一年，正是国税、地税机构分设的一年，也是税政、征管、队伍建设等方面“思想比较活跃”的一年。因此，调研中发现一些值得研究的问题，但又不便写入领导讲话材料，思前想后，就给党组写了份“内参”——《关于几个问题的思考》：（1）两个重要前提。即总局今后如何研究管理税政、如何指导地税局工作。（2）新的征管模式应尽快出台。即“以纳税人自核、自报、自缴为基础，计算机网络为依托，集中征收，重点稽查”，也就是后来实行的“30 字征管模式”的原型。（3）在银行建立税款专户的问题亟待解决。（4）增值税专用发票管理需进一步规范化。（5）应把“砍费增税”作为开源的一条渠道。（6）边贸税收政策问题。（7）国税系统情绪低落的问题应引起足够重视，主要是办公经费、办公条件存在问题。这份报告得到党组重视，并报送国务院，国务院领导对此做了重要批示，报告所提问题得到了解决。

执行力，就是要有巧干能力。巧干能力实质是一种“四两拨千斤”的能力。相传，大英图书馆新馆建成后，要把老馆的书搬到新馆去。按照正常思路，把书装上车，拉走，摆放到新馆即可。问题是这样需要 350 万英镑，是一笔不小的支出。眼看着雨季就到了，老馆年久失修，不马上搬，又会有更大的损失。怎么办？在若干建议中，馆长最后采纳了一个馆员的解决方案——图书馆在报纸上发出了一条消息：从即日起，大英图书馆免费、无限量向市民借阅图书，条件是从老馆借出，还到新馆去。正是这条建议使图书馆搬家节省了高额支出。思路决定出路，复杂问题简单化，这就是巧劲的力量。

执行力，就是要有创造能力。执行绝不是简单的照抄照搬、“照猫画虎”，而是在执行中创造性地解决新问题，保证全局利益实现最大化。1946 年解放战争期间，为扩大战果，中央决定将内线作战改为外线出击，由战略防御改为战略进攻，把战争引向国统区。毛泽东要粟裕兵出淮南，粟裕回电建议说，还是先在内线打好处多，天时、地利、人和，对我们都有利。最终毛泽东同意先在内线打。结果，打出了一个七战七捷。1948 年初毛泽东要粟裕率领三个纵队渡江南进，粟裕用了整整 40 天的时间，反复思考精心谋划，最终他建议，暂缓分兵渡江南进，应该集中兵力在中原地区打歼灭战。毛泽东开始没有同意，粟裕再次直陈理由。经过全面分析和讨论，最终毛泽东决定把渡江时间推迟，于是就产生了粟裕的三大战役——豫东战役，改变了中央战局；济南战役，把整个山东解放了；淮海战役，把整个华东中原国民党的正规部队全部消灭了。粟裕说过：“古时候就有这样的话，将在外君命有所不受。我们只照抄照转上面的命令，这样下去非打败仗不可，高级指挥员不仅是熟练于在战役方面进行指挥，而且应该懂得一些战略问题，要研究战略问题，有三个方面，就是敌情、我情、民情。”

善总结是会干的关键

我们常说“吃一堑，长一智”，这就是善于总结的意义。善于总结，不仅要知道干过的事情的对错，而且知道对错的原因；不仅知道对错的原因，而且知道下一步的对策；不仅知道下一步的对策，而且知道今后如何干好的经验或遵循的规律。一句话，不仅知道过去干的怎么样，而且知道今后怎么干、怎么干得更好。从理论上讲经验源于实践，是“自在状态”、是认识的开端，有待深化。规律本是客观存在，是“自为状态”，只能发现、掌握和利用，不能任意制造、改变或废除。只有将经验上升到理性层次、科学高度，研究规律性的东西，才能避免忙碌、盲从，才能从“自在状态”提升到“自为状态”，从而不断创造新的工作绩效。

总结应该运用“一分为二”的哲学思维。思维方式的科学决定了行为方式的科学。科学的“两分法”运用到总结中，就是既总结正面经验，也总结反面经验，唯此才客观、全面、有用。1987 年 5 月 12 日，邓小平在会见荷兰首相吕贝尔斯时，着重介绍了我们党在新民主主义革命和社会主义建设时期的历史，然后深有感触地说：“我们现在的路线、方针、政策是在总结了成功时期的经验、失败时期的经验和遭受挫折时期的经验后制定的。历史上成功的经验是宝贵财富，错误的经验、失败的经验也是宝贵财富。”我们党之所以能够始终保持先进性，其中很重要的一个原因，就是始终坚持“一分为二”地总结经验。

总结应该提炼自己的观点。李瑞环说，总结经验有三个条件：一是材料要全、要准；二要有工具，即马克思主义理论；三要有加工的本事。科学的抽象不是主观臆造，而是更深刻、更正确、更完整地反映着自然。比如，如何提高国际税收理论研究水平，中国国际税收研究会在坚持以研究为灵魂、以理论研究和比较税制研究为特色的基础上，总结提出了理论研究“七阶段”流程法，即选题、开题、调研、结题、交流、评比、转化。选题是前提，良好开端是成功的一半，包括基础研究、前瞻研究、应用研究、比较研究，小题大做、大题小作、老题新作，找准着眼点、着重点、着力点，聚焦解决实际问题的支点、节点，尽量提高科学性；开题是基础，相当于“顶层设计”，包括课题要点、布局，人力、财力、精力的有序组织、有度安排、有效督导；调研是关键，有调查才有发言权，做好案头调查、深入“接地气”调查，激发原创性思考；结题是核心，结题不是结束，而是提升的开始，透彻是优秀论文的特点，透是把问题看透、想透、说透，彻是把建议提到点子上、议在大局中，尽量做到巩固有效的、借鉴有用的、完善缺失的、创造符合实际需要的；交流是升华，思想交流的火花，启迪升华的灵感，包括邀请纳税人、用税人面对面地开门交流、民主交流，吸纳智慧，扩大宣传；评比是总结，以榜样的力量，激励先进、争当先进、创新先进；转化是目的，研究成果被认可、被应用才有价值，巩固老渠道，开辟新门路，扩大成果使用价值，在实践的土壤中落地生根、开花结果。“七阶段”流程法，源于实践、指导实践，在实践中得到了充分的认证、认可。

总结应该联系实际悟透。实际好比大地，悟性好比上天。地很丰厚，丰厚到人们不知道它究竟有多富有；地很踏实，踏实到人们只有在“地气”的养育中才“心不慌，意不乱”。悟很玄妙，玄妙到人们有时甚至无法用语言来描述；悟很实在，实在到人们可以清晰感受到它的存在。以身边的一个同事为例，她担负的是文秘工作。有一次，她把领导的讲话稿打印完成后，把自己所思所悟以读后感的形式写了下来：

“讲话是由我负责打印和校对的，在打印和校对的过程中，我仔细地进行学习和研读，感觉到文章结构清晰、语言精练，像一面镜子，把过去的工作、目前的状态和未来的展望都体现出来。”“‘讲话’的内容，在回顾过去的同时，切切实实地讲述了自己的工作体会，指出了工作中所遇到的诸多问题和工作经验，提出了对研究会未来新的希望。”“展望今后四年，为研究会提出了工作总体要求、奋斗目标和具体措施。”“蓝图绘好了，使大家在‘构建创新研究会、活力研究会、和谐研究会’过程中努力工作。”“武装头脑、依法律会、创新研究、广聚人才、丰富活动、争取支持，这24字，多精辟，越是缩简的越能反映文化功底。”“我进入研究会工作，已经五年了，在本职工作岗位从事文件打印、传送和校对处理、档案管理等工作，这两年又加了职工保险，统计及编写大事记等工作，忙于事务，无形中忽略了学习。”“读完报告，我感到如果不学习，肯定被淘汰，要有永不满足的学习创新进取精神，做一个有心人。”“报告文体格式、语言用词等文笔，让我受益匪浅，我今后要加强学习，争取做到以下几点：一、端正思想，摆正自己的位置，调整好心态。每天工作中要有所收获，不要做一天和尚撞一天钟，混天度日。在下班以后，利用半小时总结今天工作完成情况和明天需要做的工作。做到眼中有活。同时，工作中把握不准的问题及时向领导请教。二、结合工作情况，提出系列学习的书籍目录，争取每天抽时间学习一会，学习中不懂的地方，及时向领导请教。练习学写读书小结，工作总结及处领导、司领导和会领导的报告的学习心得，提高文字书写能力。”“通过学习，我知道了自己身上的不足和差距，在今后工作中汲取知识，总结经验教训，‘定准位，抓好本，强基础，讲和谐，靠领导’，为更好地完成今后的工作而奋斗。”

这篇读后感，从领导讲话中主动联系实际，悟到单位的整体发展方向，悟到自身的发展目标，悟到自己需要提高的重点。悟的角度，有集体有个人，有规划有措施。语言朴实、流畅，反映她具有了一定的文字水平。难能可贵的是，完成一项工作后，能够主动反思、积极感悟。我们都应该向她学习，做工作中的有心人。学历和出身只是敲门砖，态度和悟性才是成就人生梦想的“翅膀”！我想，只要她坚持这样努力下去，一定也会成就自己的一番事业。

善共事是会干的前提

和谐成就伟业。善共事就是讲和谐，具体就是会团结会合作。以干部为例，大体可分为三类：一是虽很能干，但个性强、太自负，自以为是“不合群”“难搭伙”，这就是“能干”不“能处”，结果干不下去。二是虽能干也能相处，但遇到一点委屈就受不了、熬不住、“要说法”，讨价还价“闹情绪”，生气赌气“撂担子”，能干能处“不能忍”，结果跌倒在成功前的“一米线”上。三是能干能处也能忍，这类干部能力强、善团结、胸怀广，往往成长起来也会比较快。

从很多人的经历看，有本事很能干、善团结好相处、懂修为忍得住，乃是前行路上的三道门和三道坎，跨过去了可能别有洞天，绊住了可能一蹶不振。

再以谷文昌为例，有篇文章评论说：“这个打石匠出身的党的基层干部，每到一处，便留下一个深深的印痕——‘神仙难治’的风沙，他带着干部群众治服了；游离陆地的孤岛，通路了；自古肆虐的台风海潮，挡住了；种粮最多只够半年饱的农村，他来后，就成了‘谷满仓’了；迟迟完不了工的水利工程，他临危受命，建成了……每项工程、每项建设，至今仍惠泽后人。这就难怪，当地百姓，要称谷为‘公’、敬谷为‘神’。”[1] 他为什么这么会干能干、会处能处、会忍能忍？这是一心为党的力量！一心为民的力量！一心修为的力量！

① 吴焰，赵鹏，孔祥武. 他是一盏灯 烛照后人行——再听那些“特别的人”说谷文昌［N］. 人民日报，2015-04-14.

12. 会变——改革创新

会改革、会创新，是解决一切发展问题的总钥匙。

会变是发展能力的基础

会变，本意是会改革、会创新。变是根本，会是关键。“变者，天下之公理也”，世界上的一切都在变化，唯一不变的就是变化本身。会变，是顺应变化的大势，掌握变化的方向，取得变化的预想效果。会变，从自然视角看，是顺应宇宙之歌主调的合唱，是把握大化演进灵魂的主动选择。会变，从社会视角看，是追求发展的自信力、是创新发展的驱动力、是持续发展的原动力、是永续向好发展的担当力。会变，从哲学的视角看，是事物的本质特征和本质要求，变是绝对的，不变是相对的。世间的一切事物都在变化中发展着，每个人也都在变化中进步着。变，有求变、顺变之分。把“变”当成一条通往生命大美的通道，让精神境界不断提升，是求变；把“变”当成一块磨砺生命之剑的“砺石”，顺其自然之理，成就非凡自我，是顺变。知道积极求变的人生，必然是充满创意的人生；知道应时顺变的人生，一定是充满智慧的人生。

会变，是改革发展的能力。改革，就是改变、变革。具体来说，就是改进不好的、革新不合理的，最终在原有的基础上，实现新的选定、新的目的。改革开放初期，邓小平就指出："没有一点'闯'的精神，没有一点'冒'的精神，没有一股子气呀、劲呀，就走不出一条好路，走不出一条新路，就干不出新的事业。"改革推进到今天，改革低垂的果实早已摘完，剩下的都是难啃的硬骨头。在一定意义上讲，改革的决心比认识更重要，改革的担当比方法更关键。

会变，是创新发展的能力。创新，是以最终取得有益效果为目标的一种行为能力。创新需要有善于学习的能力，遇到问题敢于跳出一般化思维的圈子，善于从多角度、多维度寻找解决方案。创新需要有永不满足的能力，常思能力不足，常怀本领恐慌，不断挑战自我、追求卓越，以"没有最好，只有更好"为目标，从身边创新做起，从岗位创新做起，创造性地做好本职工作。创新需要有自我革新的能力，自革自新，常革常新。在竞争日益激烈的时代条件下，只有淘汰自己不合时宜的旧习惯，自我革新落后时代的旧思维，才能跟上时代的步伐、融入发展的潮流、引领社会文明的进步。

会变，就是会改变自己，革新观念，变中求进；就是会改革创新，与时俱进，引领前进，拥抱新变化，创造新发展。

会变是对规律的把握

就像在大海上航行，只要把握潮起潮落的规律，并能顺应其变化而变化，就能顺风顺水地快速到达彼岸，经济社会发展也是这样。

“十三五”期间，党中央强调，在抓好“投资、消费、出口”三驾马车“需求侧”的同时，还要抓好生产要素供给和有效利用的“供给侧”。所谓“供给侧改革”就是从供给、生产端入手，通过解放生产力、提升竞争力促进经济发展。这一改革，强调“在适度扩大总需求的同时，加强供给侧结构性改革，着力提高供给体系质量和效率，增强经济持续增长动力”，强调“在供给侧和需求侧两端发力，促进产业迈向中高端”，应该说，是遵循市场经济规律的总结、把握，是经济转型发展的一剂良药。

会变是时代的要求

历史从不等待一切犹豫者、观望者、懈怠者、软弱者；社会也从不怜悯落后、从不可怜任何人。牛顿早年曾是永动机的忠实追随者，在大量的实验失败之后，他很失望，于是他明智地退出了对永动机的研究，在力学研究中投入了更大的精力。最终，许多永动机的研究者默默而终，而牛顿却因摆脱了错误的研究而在力学、数学、哲学领域开辟了自己的时代。历史总是在关键的时间节点捩，试想 30 多年前，如果没有安徽省凤阳县小岗村 18 位农民的大胆试点，如果没有领导者对农业经济改革的大力支持，如果没有特色社会主义理论的自信支撑，可能也就不会有家庭联产承包责任制的产生，也不会有风起云涌的改革 30 年。

我国健全地方税体系的改革，就是顺应时代要求，具有经济和政治双重意义的改革。比如，中央与地方税权划分，税收立法权应归中央；税政管理权，中央应适度向地方倾斜；税收征收管理权，国家税务局、地方税务局应以办税便利化为目的，选择适合的税收及事项，适度拓展相互代征制度。又如，地方税种的确定、地方税主体税种的确立、地方税收规模的划分、税收征收管理机构的设置等，只有以完善财政分税制为原则，实事求是地健全地方税体系，才能充分发挥其不可替代作用。

实质上，对待变有三种态度：以不变应万变、以变应变、以变制变。前两种态度都不是积极的态度，只有第三种才是一种主动进取的精神，一种度势控变的能力，其效果是一个“制”字变成了一种机遇，变成了新的发展。

会变是发展的法宝

发展要靠会变创新，会变要靠自我改变。海尔集团曾经创造出“日事日毕、日清日高”的 OEC 管理模式、“休克鱼疗法”“人人面向市场链”“五星级服务”等特色管理理论，并成为世界各大知名商学院学习的经典案例。但在互联网经济深入人心、家电卖场蚕食家电企业厂商利润的今天，集团“掌舵人”张瑞敏思考的是如何摆脱中国制造模式下的低利润率、提高附加值。“这个思考的重点，得益于《财富》杂志《企业为什么失败》的文章——首席执行官总是为企业失败寻找借口，但是根源就在他们自己所犯下的错误。这句话对我触动非常大。文章说‘犯错’就是因为你曾经或许是成功的，但成功的思维定式迷住了你的双眼，对各界的变化不再当一回事，对内部出现的问题，可能不太注意。”因此，许多年来张瑞敏刻意回避了闪光灯，集中精力重塑一个新的海尔。2010 年海尔的营业收入增长了 9.2%，利润增长了 77.7%。利润增幅是收入增幅的 8 倍。看来，不被成功的思维定式迷住眼睛，不被外界的变化所左右，特别是从“首席执行官”

自身找“错误”，主动开展自我革命，转变企业商业模式，才是海尔集团稳定、持续发展的法宝。

会变要有强烈的意识

会变是客观存在的强烈反映，指导行为非变不可，不变不行。公元前209年，爆发了陈胜、吴广农民起义，简单来说，其原因有二：一是当时秦王朝的残暴统治，使陈胜这些种田人受尽了阶级压迫和剥削。但陈胜不安于现状，逐渐产生了反抗压迫、决意变革的思想，立志要干大事业。他和一起种田的伙伴们说：“苟富贵，勿相忘”，大伙听了都觉得好笑：“咱们卖力气给人家种田，哪来的富贵？”陈胜不免有所感慨：“燕雀安知鸿鹄之志哉！”二是就在那一年，朝廷大举征兵戍守渔阳，陈胜也在被征之列，并被任命为带队的屯长。他和其他穷苦农民在两名秦吏押送下，日夜兼程赶往渔阳。当行至大泽乡时，遇到连天大雨，道路被洪水阻断，无法通行。按照秦律，凡所征戍边兵丁，不按时到达指定地点者，一律处斩。在生死存亡的危急关头，陈胜毅然决定谋划起义。他找到另一位屯长吴广商议：“这儿离渔阳还有上千里路程，怎么也不能按期抵达渔阳了，我们现在的处境，去也是送死，逃亡被抓回来也是死，与其都是死，还不如选择为国家而死，干一番大事业。”陈胜接着又对时局进行了详尽分析。吴广很佩服陈胜的胆略，觉得他的主意符合当时的人心，决定完全支持陈胜。随之，一场农民起义就这样暴发了。“王侯将相宁有种乎？”正是陈胜、吴广强烈的反抗意识引发了中国封建历史上第一次农民起义。

会变要有正确的目的

正确的目的才能产生正确的结果，正和博弈的思维才能产生正能量。

通过一个寓言故事，可以了解正和博弈、零和博弈：

> 一天晚上，一只饿得发昏的狐狸来到了水井旁，看到井底水面上月亮的影子，认为那是块大奶酪。狐狸跨进一只水桶下到了井底，把与之相连的另一只水桶升到了井面。下到井后才明白这“奶酪”是吃不得的，自己已铸成大错，处境十分不利，长期下去就只有等死了。过了两天两夜，刚好一只口渴的狼途经此地，狐狸不禁喜上眉梢，指着井底的月亮对狼说：“你看到这个了吗？这可是块十分好吃的干酪，这是神做出来的，假如神王病了，只要尝到它都会胃口顿开。我已吃掉了那一半，剩下这半也够你吃一顿的了。就委屈你钻到我特意为你准备好的桶里下到井里来吧。”狐狸尽量把故事编得天衣无缝，这只狼果然中了它的奸计。狼下到井里，它的重量使狐狸升到了井口，这只被困两天的狐狸终于得救了。

这种一方得利、一方受损、总和是零的结局，称其为零和博弈。如果狐狸让狼跳下来，那么双方都不能自救，这种两败俱伤的结局，称其为负和博弈。如果狼搬来一块石头放在上面的桶中，把狐狸拉上来；或者，如果狐狸再用石头把狼拉上来，这两种方法都是不牺牲某一方利益却达到共赢目的的结局，称之为正和博弈。显而易见，正确的目的，才能实现互利共赢的“正和”，那种损人利己的“零和”、那种损人不利己、损人又损己的“负和”，一定不能取，否则一定会遭“报应”。

会变要有适度的“火候”

炒菜须讲究“火候”，会变也须把握“火候”，尤其要把握好“激情”“机会”和“度”的“火候”。

激情是一种可贵的状态，往往能激发人的智慧和潜能，产生巨大的内在动力。人的真激情，犹如“革命人永远是年轻，他好比大松树冬夏常青”。这样的激情，是“理性政治”和“感性政治”的结合，是温度与厚重、梦想与抱负的体会，是人生前行的风帆，是创造神奇的力量。试想，如果生活没有激情，只是为得过且过，人与动物有什么不同？如果工作没有激情，只是“为稻粱谋”，人与机器有什么差别？有时，人也有假激情，比如制定目标拍脑袋，完成目标拍胸脯；关键时刻打“冲锋”，平日工作稀松松；初上任时有雄心，没干几年（天）拉松套，等等。可贵激情的体现是“做更好的自己”，可贵激情的“火候”不仅在于真实，而且在于科学、持久，更在于责任感、使命感。激情，一端系着拼搏，另一端系着幸福。

机会都是给有准备者准备的。我国明代有个奸相严嵩，由于得到嘉靖皇帝的信任，尽管当朝百官上疏揭发他专权祸国、罪大恶极，但都无济于事，反而使得正派势力遭到多次打击。在此形势下，徐阶进入了内阁，他一心想除掉严嵩这个大奸臣，但他知道时机还没到。于是他一方面跟随严嵩左右，一方面找机会亲近皇帝，伺机“倒严”。就这样过了几年，永寿宫发生了火灾，嘉靖皇帝只能迁居到别的宫殿。这时，徐阶劝皇帝重修永寿宫，并改名为万寿宫。而严嵩却劝皇帝居住南城，这引起了皇帝的极度不满。徐阶知道皇帝迷信方术，宠幸道士，于是指使道士借扶乩来揭露严嵩的奸行，嘉靖听了道士的话，不免对严嵩有些起疑。徐阶这时认为时机已经成熟，就暗中支持御史邹应龙上疏弹劾严嵩父子。为了不让严嵩起疑心，在邹应龙的奏章呈给皇帝之后，徐阶还特地跑到严府去拜访，假意安抚严嵩。后来严嵩的儿子严世蕃在家乡犯法，被抓到京师，徐阶指导办案官员，拟定了置严世蕃于死地的奏疏。最终，严世蕃被斩，严嵩被贬病死。这段史实说明，其他大臣之所以扳不倒严嵩，是因为“火候”不到——时机不成熟，过早地让严嵩有了防备之心；而徐阶采用了伺机接近并跟随的办法，让严嵩丧失了防备的警觉性，并抓住了让皇帝对严嵩起疑的机会，不仅扳倒了严嵩，还让他蒙在鼓里。由此看来，机会的“火候”十分重要，把握机会的“火候”需要做到：一准备、二等待、三抓住。

“度”，指凡事有度、过犹不及。孔子的两个学生子张和子夏，子张天资聪颖，有点“过”，性格急躁，做事往往超过恰到好处的标准；子夏天资较差，有点“不及”，性格慢条斯理，做事情往往达不到恰到好处的标准。对此，子贡问孔子这两个人谁更强一些，孔子说：“过犹不及”，意思是说超过和赶不上同样不好。这就是成语“过犹不及”的来历，也说明“凡事有度”的重要。其实，如果将行为的“火候”分为过度、不及、适中三种状态，那么，鲁莽是过度，怯懦是不及，勇敢是适中；浪费是过度，吝啬是不及，慷慨是适中；纵欲是过度，冷淡是不及，节制是适中。鲁莽、怯懦、勇敢，浪费、吝啬、慷慨，纵欲、冷淡、节制，只是生活中的现象，如果广义地理解“过犹不及”，不仅是成语，更是哲语——“凡事有度”。一个“度”字内含的智慧、科学的分量有多重，我们可想而知。

会变要有创新的能力

创新能力是一种创造原本未有的能力，会变就是这种能力。会变的创新体现在生活、快乐、发展等各个方面。

创新是生活能力。在许多人眼里，科研创新是艰深、枯燥、乏味的“苦差事”，但许多科研工作者在创新的道路上通过不断畅想、发现、创造、超越、体验，感受到了艰深中的奥妙，枯燥中的志向，乏味中的兴趣，苦差中的甜味。数学大师陈省身说：大数学家每天都工作 10 多个小时。钱学森说：虽然在鼎鼎大名的麻省理工学院获得硕士，却没有学到创新的东西。只有在加州理工，才开始了创新，历经 20 年。不难看出，他们把科研创新当作生活，而且是最好的生活。其实，人人都有创新的能力，只是大多数人都将自己的这份潜能隐藏了起来。事实上，我们常常忘记了自己所拥有的发现、思考和创造快乐生活的能力。只要大胆地做出思维的创新，那么生活就会随之而改变。生是为了活，活是为了更好地新生。

创新是快乐能力。罗曼·罗兰说过，人生所有的快乐都是创造的欢乐。我国著名数学家谷超豪院士说过，“人言数无味，我道味无穷”。他将自己的三大研究领域——微分几何、偏微分方程和数学物理，亲昵地称为“金三角”，并说：“别看它们表面上枯燥，其实只要深入进去，你就会发现奥妙无穷，简直是开发不尽的宝藏啊。”还有许多科学家或俯身于风吹日晒的农田，或跋涉在人迹罕至的荒漠，或坚守在偏僻孤寂的试验室，在自己的研究领域中怡然自得。“幸福的斗争无论它是如何的艰难，它并不是一种痛苦而是快乐，而只是喜剧。”科技工作者在探索未知世界的每一个进步、每一点进展中，不断地享受创新带来的种种乐趣。快乐是一种能力，创造快乐更是一种能力，把创新当作快乐那就是了不起的能力。

创新是发展能力。据报道，有个城区网吧管理成为“老大难”，超时经营、未成年人涉足等现象屡查难禁、累罚不绝。后来政府管理部门转变观念，既与网络经营商签订“零点断网”协议，又与教育部门联合中小学校开展未成年人远离网吧活动，还聘请离退休老干部担任监督巡视员，并在网吧经营业主中开展合法经营、争当文明网吧评选活动。最终，改变了中小学生“5（5天学校教育）+2（2天双休日进网吧）=0（网吧抵消了学校教育效果）”的被动局面，赢得社会与家长的好评。据媒体公布的数据，2015年“双11”这一天，中国的“天猫”交易额创造了912亿元的奇迹。报道说全世界有40多个国家参与，究竟有多少人参与多少次可能就是一个天文数字了。应该看到，互联网的创新，堪称当代创新的典范。互联网轻松地穿越了地域的国界，冲破了不同文化的禁区，连接了不同肤色的人们，愉快实现了“地球村”的公民足不出户地共享合作、共享信息、共享生活、共享快乐……互联网的创新发展，不仅改变人们的思维、生活，而且将改变人们的过去，引领人类的未来。而这一切都来自会变——变革、创新、与时俱进。

自然科学在变中发展，社会经济也将在变中前行。会变，是继承的创新，是革故的创新，是与时的创新，是永远的创新。这也许就是“会变”永远不变的规律吧！

13. 强调自我——自信

立律修身，养正气、致良知，实现一个更好的真我。

强调自我是修身立信的律条

什么是自我？镜子里看到的是自己，镜子里看不到的是自我。

自我，是自己对自己身心活动的觉察和存在状态的认知，是自己对自己社会角色自我评价的结果。自我评价具有独特的自我功能，促进自我发展、自我完善、自我实现；自我评价具有重要的社会功能，极大地影响人际交往方式和交往效果。自我的“权力”很大，是发展的前提，是成功的条件，是人生选择的决定者，是实现理想的基石，“我”是一切的根魂，改变一切必先改变自己。一己不立，何以家为；一室不扫，何以扫天下。老子说：“天得一以清，地得一以宁，神得一以灵，谷得一以盈，万物得一以生，侯王得一以为天下正。”这个“一”，就是发现自己、认识自己、强调自己最真实的中心。人的第一职责就是认识自己、找到自我。

强调自我，就是强调自信，人不强调自我，就没有自信。“自信人生二百年，会当水击三千里”。自信，是成熟的因子，是坚强的基地，是成功的第一步，也是第一秘诀。自信，就是正确认识自己，有自知之明，从世俗走向超脱，从复杂走向简单，从心灵蜕变中走向无我。自信，是理性不是盲目，是包容不是傲慢，是智慧不是倔犟。自信，并非天生，后天仍可努力。强调自我，就是相信自己的能力，依靠自己的力量，建立自信、增强自信、赢得自信，自信是做好一切的本源。

什么是自信？相信自己就是自信。人们说“自信是一根柱石，能撑起精神广漠的天空，自信是一片阳光，能驱散迷失者眼前的阴影”，自信体现的是一种舍我其谁的精神，一种决然自立的价值，一种勇往直前的力量。自信方能自强，自信就是相信，相信就生强大。

当年，在抗美援朝上甘岭战役中，中国人民志愿军面对武器装备、军事技术、作战经验都远超自己的对手，不畏、不屈，勇敢、牺牲，智谋、创新，硬是以中国军人的血性打胜了这场“不可能战胜”的战役，由此产生了“上甘岭精神”。上甘岭战役不仅是敌我双方军事力量的较量，更是一场不同价值观的较量。价值产生信心，信心产生热忱，而热忱可以征服世界。

在谈到中国迅速崛起的原因时，大家往往会提及制度自信。中国特色社会主义制度，是当代中国发展进步的根本制度保障。因为，这一制度，始终坚持社会主义基本制度，始终坚持实现自我变革与社会主义方向有机统一，始终坚持在改革创新中不断自我完善和发展。这一中国制度的显著特征在于，极大解放和发展了社会生产力，凝聚民心民智形成了磅礴合力。我们更自信的是，中国制度随着“四个全面”战略布局的深入推进，必将更加成熟更加定型，更加适应生产力发展要求，从而激发出无比强大的潜能。

“能够使我漂浮于人生的泥沼中而不致陷污的，是我的信心。”而当这份信心不再之时，也往往会与成功渐行渐远。

美国总统尼克松，1972 年竞选连任时，因犯了缺乏自信的错误，结果毁掉了自己的政治前程。由于尼克松在第一个任期内政绩斐然，所以大多数政治评论家都预测尼克松将以绝对优势获得胜利。然而，尼克松本人却很不自信，他走不出过去几次失败的心理阴影，极度担心再度失败。在这种潜意识的驱使下，他鬼使神差地干出了令自己后悔终生的蠢事。他指派手下的人潜入竞选对手总部的水门饭店，在对手的办公室里安装了窃听器。事发之后，他又连连阻止调查，推卸责任，在选举胜利后不久便被迫辞职。本来稳操胜券的尼克松，因缺乏自信而导致惨败。事实证明，不是因为有些事情难以做到，我们才失去自信；而是因为我们失去了自信，有些事情才显得难以做到。

“石韫玉而山辉，水怀珠而川媚。”每个人身上都有闪光点，那就是你自信的源泉，与其求人，不如求己。有人做过一个实验，将现实生活中常常令人困扰的几个问题，“求教”于不同层次的人，其中包括非常不成功的人，结果发现，这些人对别人的困境都能不假思索地提出一整套完善的方案，可称为一部人生宝典。像如何对待夫妻矛盾问题：两口子要忍让，夫妻之间无是非，没有隔夜仇；像如何对待孩子的学习问题：别给太多压力，分数不是唯一标准，树大自然直；像如何对待老人问题：孝敬不能等不要靠，免得后悔；如此等等的劝谕，足以证明我们自己就是人生的教师，为什么还常常求助别人呢？原因就是不自信。如果遇到问题先拜自己为师，仔细倾听自己怎么劝别人的，然后一心一意地奉行，相信多数情况会成功。所以，“求人不如求己”“求己胜于求人”，是一种自信、一种自觉、一种自制，应该成为人生的信条。

但光靠自信也无法获得成功，还必须辅之以兢兢业业的实干。“巧”自信不如“拙”自力，这个“巧”是“滑巧”的意思。比如，干事时的自信是“一搏必胜”；遇到困难的自信是“退缩、推诿”；协调工作的自信是“等、靠、要”；更为“巧”的自信是“工作别人干，成绩算我份”。如此种种皆是“偷奸取巧”的“自信”，而非“愚公移山”的自信。曾国藩终生笃信“天道忌巧”，自信做事要舍得下苦功夫、硬功夫。李时珍历时27年著成《本草纲目》，曹雪芹批阅十载增删5次写就《红楼梦》，司马迁历时十数载成就《史记》。这些都说明，任何成功，靠的是踏实肯干的自信，靠的是“一分耕耘，一分收获”，靠的是“恒心、毅力、韧劲”的“拙”自力。真自信+拙自力才能干成事，才能干成大事业。

强调自我，增强自信，就是要理性地认识自己、相信自己、做好自己。

认识自己，找准人生定位

“认识你自己”，是雅典阿波罗的神谕；“人贵有自知之明”，是中国的古训；“一切真理的精华是人们最终了解自己”，是马克思的教诲。“知人者智，自知者明”，认识自己、了解自己，是确定人生奔跑路径的前提，是找准人生定位、立于不败之地的关键。

伯特兰·罗素（1872—1970）是英国的著名学者，父母英年早逝，跟随祖父生活，他感到童年的孤独。后来，在他11岁时迷上数学，才把他从孤独与绝望中解脱出来。18岁时考入剑桥，前三年攻读数学，第四年转攻哲学。罗素一生著书71种，论文几千篇，涉及哲学、数学、科学、社会学、政治、历史、宗教等诸方面，享有“百科全书”

式思想家之称。他从 80 岁起写小说，他的散文在英国文学中也享誉甚高。1950 年，因为他能“把精湛的哲学思想成功地介绍给大众并用来关心大众”而获诺贝尔文学奖。他一生坚持“对人类苦难的同情”，而反对导致人类灾难的战争。第一次世界大战期间，他因反对英国参战，被控反战宣传罪而判刑六个月；1961 年，因反战静坐示威，89 岁的罗素与他的妻子被判两个月监禁。他支持希腊与巴勒斯坦人民的解放运动，反对美国侵略越南的战争，发表声明抗议苏联入侵捷克斯洛伐克，直到 1970 年初逝世前还抗议以色列发动的中东战争。罗素在《我为何而生》一书中，以其毕生的探索和实践，回答了自己人生的意义在于真、善、美，即“对爱情的渴望，对知识的追求，对人类苦难不可遏制的同情”。这就是罗素为认识自己、了解自己、找准自己人生定位做出的总结。

有一位很优秀的职业女性说，她从来没有喜欢过自己。从小妈妈不喜欢她，不准她上桌吃饭，不带她出门；她像灰姑娘一样，总是在洗碗、洗衣服；小事做不好，妈妈会把未熄的烟蒂按在她手臂上；她没有自己的房间，只能睡在厕所里；念中学时，妈妈就要她辍学去做工。后来，她靠着自己的努力，找到自己喜欢的工作，并且在专业上受到许多肯定，但始终得不到母亲的一句赞美。在人生的漫漫长路中，幼年的噩梦始终没有远离她，后来的感情路，她也走得坎坷。她说她曾经好几次面临精神上的崩溃，“其实，我从来没有喜欢过自己。我会觉得，我不配过得这么好，我不配”。这就是她对自己的认识，不喜欢自己，常不自觉地弹奏着悲哀的曲调，过着以痛苦为食的人生，且让周围的人也永远快乐不起来。还有一位职业女性说，我是喜欢自己的。我知道我不很高、不很美、不很灵巧、不太谨慎、不太有耐心、不太爱做家事、脾气不很好……我也面对过一些阴影，但其实我蛮喜欢我自己。同时我还喜欢自己的孩子。“因为我悟到，一个被妈妈喜欢的孩子，比较能够不费力地喜欢自己，比较不会牺牲自己的快乐去讨好别人，比较能够吸收爱和放出爱”。这就是认识自己、了解自己、喜欢自己的结论。

其实，“睫在眼前长不见，道非身外更何求”，了解自己远比了解别人更困难，喜欢自己比喜欢别人更不容易。不喜欢自己，就会被外界诱惑而丢失自我，就会为一时的挫折而否定自己。喜欢自己，就会热爱生命和生活，拥有坚强而不自卑。喜欢自己，心中明灯就会永远点燃，照亮人生前程，憧憬美好未来。

相信自己，开发自身的潜能

有句话是这么说的，“你不逼自己一把，根本不知道自己有多优秀”。人的自身里埋藏着无数的潜能，而开发潜能的钥匙，就是相信自己。相信自己，就会有信心、有决心，开发那份坚强的力量；相信自己，就会靠努力、靠毅力，开发那份应有的运气；相信自己，就会挖掘潜力、创新能力，开采出属于自己的那份“金娃娃”。

相信就是自信。相信自己不相信别人，是自负；不相信自己而相信别人，是自卑；既相信自己又相信别人，是自信，更是自信力。

爱默生是美国思想家、文学家、诗人，是确立美国文化精神的代表人物。美国前总统林肯称他为“美国的孔子”“美国文明之父”。他在《相信自己吧》的文章中说：

> “相信你自己的思想，相信你内心深处所确认的东西，众人也会承认——这就是天才。”“一个人应学会更多地发现和观

察自己心灵深处那一闪即过的火花，而不只限于仰观诗人、圣者领空里的光芒。可惜的是，人总不留意自己的思想，不知不觉就把它抛弃了，仅仅因为那是属于他自己的。”“随着学识渐增，人们必会悟出：嫉妒乃无知，模仿即自杀；无论身居祸福，均应自我主宰；蕴藏于人身上的潜力是无尽的，他能胜任什么事情，别人无法知晓，若不动手尝试，他对自己的这种能力就一直蒙昧不察。”“他或为向往所耽，或为追忆所累；其实，美德与生命力之由来，了无规矩，殊不可知；你何必窥人轨辙，看人模样，听人命令——你的行为，你的思想、品格应全然新异。”

相信自己就会强大，不相信自己就会抑制能力，真正有力量的相信自己那就是信仰。当然，相信自己，不要忘记入乡随俗，兼容并蓄；不要忘记继承完善，创新发展；更不要忘记一切为民而不为己的信仰。

对一个人来说，自信很重要；对一个国家来说，更是这样。我们讲道路自信、理论自信、制度自信、文化自信，就是为了从相信自己的无上信仰中汲取坚定前行的力量。美国《纽约时报》著名的专栏作家托巴斯·弗里德曼曾不无忧心地感叹，“我很不愿意地对我女儿说，你只有去中国才能看到未来”“今天的制度不仅是 100 多年来中国最成功的制度，也是 60 年总体看来全球表现最佳的制度”。有篇《只有去中国才能看到未来——中国正迎来自信时代》的文章说：“今天的中国处于 1840 年以来最好的时期，今天的中国有 1840 年以来最好的制度，今天的中国是全球各主要国家中发展最好的国家。这三个事实判断，就构成了‘道路自信、理论自信、制度自信’的坚实基础。”这是尊重历史、尊重客观事实的观点，令人信服。

做好自己，实现自我价值

自信是每个人内心的国王。如果说认识自己才能找准人生定位、相信自己才能开发自身潜能，那么，只有做好自己才能实现自我价值。

一位丹麦大使曾让他上大学的儿子到中国旅游，近距离观察这个正在崛起的国家。为了看到原汁原味的中国，他没给儿子很多钱。有一次他儿子半夜上了中国绿皮火车的硬座车厢，没有冷气，天气炎热。他儿子看到别人脱了鞋和袜子，坐在那里睡起来。他也入乡随俗，脱了袜子睡着了。他的袜子几天没洗，有股汗臭味。让他没想到的是，一觉醒来，发现坐在对面的老妈妈，帮自己洗干净了袜子。老妈妈并不知道他是谁，她也许想起了自己的儿子，“幼吾幼以及人之幼”，就做了自己觉得应该做的事情。这个故事，让大使夫妇大为感动，觉得中国人真善良。其实，在中国走向世界舞台中心的今天，普通民众也成为中国形象的展示者和塑造者。展示和塑造的是中国人“做了自己觉得应该做的事情”的善良自信。

有这样一个故事：德国科学家魏格纳生病住院，病房墙壁上的世界地图吸引住了他的视线，他发现大西洋两岸大陆的海岸线凸凹恰恰相反，愈看愈觉得欧洲、非洲、南美洲、北美洲四块大陆可以拼凑成一块，特别是非洲西海岸和南美洲东海岸简直像一张撕成两半的报纸。这是为什么？他苦苦思索，出院之后，便进行了大量的地质学方面的研究，逐渐形成了一种想法，是否由于某种驱动力，使原来连在一起的非洲和南美洲两块大陆分裂了，天长日久，便为大西洋所隔。同样的原因，印度次大陆向北移动，同亚洲大陆相撞，形成了今天的喜马拉雅山脉。据此推理，魏格纳得出结论：南美洲、非洲、印度次大陆和澳洲原是集合在南极周围，连成一整块的古大陆，即冈瓦纳古陆。这就是魏格纳于 1912 年提出“大陆漂移说”的过程。魏格纳为什么能从一张地图发现“大陆漂移说”的起点？为什么相信自己的直观感觉？为什么相信自己的理性推理？关键是他相信自己的科学信仰，拥有相信科学发现的自信力。

有这样一则寓言：有一个小灯塔的管理员，一天到集市上买了一支蜡烛，蜡烛好奇地问：“你需要我为你做什么呢？”老先生说：“我要把你给放在灯塔上，给海面的船只指引方向。”蜡烛吓了一跳，惶恐地说：“我不行，我只是支小蜡烛。”老先生说：“别担心，你只管全力以赴，我有我的安排与方法。”到了晚上，老先生拿着蜡烛爬到了灯塔上，灯塔顶端早已放了好几面光亮的镜子，老先生把蜡烛摆上，点燃它，奇妙的事发生了：蜡烛微弱的光，经过几面镜子的一再反射，竟成为耀眼的光团……

“你只管全力以赴”，就能发光、就能照亮。生活中也要有这样的自信，不能因为自己年轻就说不行；不能因为自己是个小角色说不行；不能因为自己没有高学历就说不行……应该自信，只要你愿意“发光”，虽然微弱，但仍可以照亮，照亮别人的同时，也照亮自己。

强调自我，不是自吹、自傲，而是努力做到平常的我。平常的我，“没有哗众取宠的动机，只有扎实平实的进取；没有不可一世的张扬，只有埋头苦干的事功；既不待价而沽，也不见风使舵，志高尚，趣淡泊，行高远，人谦和。‘行经万里身犹健，历尽千艰胆未寒’，我还是我；‘仕途赫奕思林下，世路纷华思泉下’，我不忘我。”强调自我，就是强调这个自信的平常的我。说起来似乎简单，做到、做好却不容易。但相信坚持做下去，会做到，也会做好。

14. 克服自我——扬弃

谁学会了自我扬弃，驾驭自己，谁就有了一位好的老师。

克服自我是修身扬弃的律条

人生在世，并非都是遵循木桶理论，你的短板决定不了你的水平，而你的长板往往决定着你的上限。

克服，就是克制、征服，用意志和力量去战胜的意思。克服自我，就是提升自我心境，把握自身之长，扬长避短、以长击短，朝着人生最高目标，扬弃完善自我的过程。克服自我，善于扬弃，是高水平人才成长的必由之路。

扬弃，作为哲学名词，是指新事物对旧事物的既抛弃又保留，既克服又继承的关系。如对中华民族的文化遗产，要有批判地继承，取其精华而去其糟粕。唯物辩证法的扬弃观，要求对任何事物都要具体问题具体分析，不能简单地肯定一切或否定一切，不能犯片面性和绝对性的错误。

克服自我是“扬”的过程。人不克服自我，就不能扬长避短。扬长，首先要认识“长”、用好“长”，认识的过程和用的过程，其实就是“扬”的过程。其次要认识“短”，以长击“短”，其实认识的过程和弃的过程，也是“扬”的过程。从哲学角度讲，认识“长”就是肯定，认识“短”就是否定，最后摈弃短处，发扬长处，争取效益最大化，就是再肯定。肯定、否定、再肯定的过程，实质就是“扬”的全过程。

克服自我是“弃”的过程。唯物辩证法认为，任何事情都有好的和坏的一面。好与坏这对矛盾在新陈代谢运动中，发扬的是积极因素，抛弃的是消极因素。这种抛弃不是简单的抛弃，而是克服的抛弃，是通过抛弃消极坏的一面，而把积极好的一面发展到新的阶段。这种“弃”的过程，实质也是“扬”的过程。

克服自我是“扬”“弃”的统一过程。扬弃是继承和发扬旧事物内部积极的合理的因素，是抛弃和否定旧事物内部消极的不合理因素，是发扬与抛弃的统一。从哲学上讲，这是同时具有否定和肯定双重意义的辩证概念，也是一种具有必然性的客观规律。发扬是重要的，抛弃同样也是重要的，二者的有效统一，就会具有无限的生命力。

“尺有所长，寸有所短”。克服自我，其工具取向是扬长避短，其价值取向是把自我活出“质量”、活出“效益”、活出“速度”。“胜人者力，自胜者强”。世界因克己而美丽，自我因克己而完善美丽。如果学会了克服自我，就学会了驾驭自己，就有了一位最好的老师。

扬长避短是成功的“优选法”

如果有多个“人生如何度过”的设计方案，扬长避短就是其中不可多得的优选。事物都具有可分性，是一分为二的（一分为二实际上是“事物的可分性”的通俗表达）。

宋代哲学家邹雍最早提出这个哲学命题，后来朱熹承袭了这一思想:“此只是一分为二，节节如此，以至于无穷，皆是一生两尔”（《朱子语类》卷六十七）。扬长避短是运用“一分为二”观点认识自己长处、短处的“可分性”和可用性，是符合客观规律的必然选择，是克服自我，实现制胜的“法宝”。

大家都熟知的“木桶定律”，讲的是，水桶能盛多少水，并不取决于桶壁上最长的那块木板，而取决于桶壁上最短的那块木板。持这种观点者，拼命挖掘自己的缺点，生怕找不到那块最短的木板。假设“木桶定律”的那块最短的木板是可以改变的，在可以改变的情况下如果那个最短的木板根本就不能补好呢？正如一个想当飞行员的盲人，无论他多么努力，他的目标也很难实现。人的生命是有限的，充分把握一己之长，极致发挥一己之长，才是智慧、有“效益”的选择。

艾柯卡是美国商业巨子，在担任美国福特第二大汽车公司经理 8 年后，突然被宣布解除职务，成为失业待岗者。当时，艾柯卡有很多行当可以选择，但他根据自己的特长和优势，依然选定汽车行业。他以自己所熟悉的行业为基准，将自己半生所有积蓄作为赌注，毅然受聘于濒临破产的克莱斯勒汽车公司。在新的岗位上 5 年后，他不仅还清了公司的所有债务，而且创造了纯利润 24 亿美元的纪录。这等于将福特公司的销售市场抢走了一大半。这表明，人生“优选”目标的要素是扬长避短。在人生的海洋里，不避短会迷失自己，扬其长会发挥自己，其感觉是如鱼得水，淋漓畅快！其效果是长上加长、优上更优！

中国台湾远东卡通公司老板蔡志忠，因创作《七彩卡通老夫子》创下电影界有史以来的最高票房纪录，并由此获得当年的最佳动画片金马奖。其实，他搞动画创作，缘于小时候偶尔在墙上涂画生平第一幅画作——人像。或许是受到这次涂鸦事件的启发，从此，他每天都会痴痴地画三四个小时。初中后，他开始有意识地阅读大量的漫画书，细细品味名家的画作，然后将自己的作品寄给出版社。初二暑假，带着某出版社的聘任书去报到，老板惊讶地发现：画出自己中意作品的，竟然是个孩子。三个月后，只有小学毕业证的他，抱着作品集去应聘当时最大的漫画出版社。结果，他击败了 29 名大学生，如愿入社。不久，他凭着超强实力成立了自己的公司，创造了一个又一个奇迹。谈到成功秘诀时他说：“把自己最擅长的事做到极致，就会成功。”

美国《成功》杂志的创办者奥里森·马登说过，世界上有半数的人从事着与自己天性格格不入的工作，而做自己所不擅长的事情往往徒劳无益。因此失败的例子数不胜数。在职业生涯的选择上，要扬长避短，你的天赋所在即是你命中注定的职业。西德尼·史密斯也说过，“不管你天性擅长什么，都要顺其自然；永远不要丢掉自己天赋的优势和才能”。如是之说都是一个道理，扬长避短是客观规律，谁遵循谁受益，谁违背谁吃亏。概莫如是，不妨一试。

扬长避短是成功的“加速器”

长和短，按度量单位理解，长要比短多一截。假设走向目的地的距离是一致的，那么长和短同时出发，就已经不在同一起跑线上了，没有特殊情况，长的总会比短的先到终点。这就是擅长用长，发挥优势，事半功倍。而如果扬短抑长，往往事倍功半。

比如，人人关心的成才问题。这个问题的“未知数”是“成什么样的才，怎样成才？”求证“未知数”必先知道“已知数”，那就是认识自己有什么长处，适合做什么；自己有什么短处，不适合做什么。只有扬长避短的选择，才是加速推进成才的选择。

某些天才人物，靠天赋过人，而不是靠勤奋努力就能取得一定成绩，但终是少数。天才如果加勤奋，那就天下无敌了，那也就更为奇少了。像人群中存在的鬼才，不按常理出牌，常出人意料，靠的是灵气，基本也是学不来的，如果硬要模仿，只能弄巧成拙。毕加索一生探索、求变，从不安分守己，每每引起争议，却又常有佳作问世，让人叹为观止。像人群中存在的人才，靠的是奋斗、拼搏、努力，有一技之长，能出类拔萃。人才可以企及，人才队伍庞大。应该说，有时候人才也可以超过天才、鬼才。因为，在这个世界上，一个人不论干什么，要想获得成功，都须有才气、力气、运气，缺一不可。如果是天才、鬼才，千万别浪费材料，大展才华，干出点惊天动地的事业来；如果是人才就要舍得力气，一展才气，大显身手，干好本职工作；如果是准人才或难以称得上人才，就要不灰心丧气、不妄自菲薄，“先天”不足“后天”补，才气不足力气补，相信勤能补拙，笨鸟先飞不一定落后，谁先实现目标还真有一搏。搏，就有希望，不搏，就是零希望。

朱元晨，19 岁时被哈佛大学以全额奖学金录取。他是一个电脑迷，也是一个游戏高手，更是一个学习天才。国际科学与工程大奖赛（ISEF）的评委对他的评价是：“这不仅仅是一个中学生做出的优秀作品，朱元晨在计算机图形学这一分支的研究成果，已经走到了世界所有同行的最前列。”英特尔公司的官员和技术专家以及网上的一些网友都表示，朱元晨是网络时代中国学生最大限度地利用高科技来大幅度提高学习效率和学习效果的一个非常典型的成功范例。他是怎样成功的呢？其实，在朱元晨迷上了电脑游戏的初期，父母显得非常紧张，但他们没有武断地阻止，而是仔细观察。观察中发现他很有悟性，游戏里的那些难关，别人闯不过去，他却能轻松而过。不久，他提出要弄清电脑游戏是怎么做出来的。父亲看到他对游戏设计有兴趣，就顺势而为，积极支持，最终造就了这样一个游戏天才。

扬长避短是成功的“直通车”

有一种观点认为，盛水的木桶，达到最大的容量，就是把那块“短板”补到与“长板”一样长。持这种观点者，认为取长补短是理想目的。还有一种观点认为，“补短”需要成本，更关键的是“不漏水”的概率难以预测。假如就用“短板”水桶多打几次水，要比“补短”后再打快得多。如果是用木桶装黄金的话，那就取决于更多的“长板”，而不是那一块“短板”了。持这种观点者，就是比较优势，用足优势，也是基本竞争策略。“挽弓当挽强，用箭当用长”，长与短的竞争与比较，从起跑线上长比短就站前一步，从“兴趣”助力上长比短顺得多、大得多，从努力的“态度”上即使一样，短也因先要补短而不能直通目标，长却因扬长而去直通目标，所以会率先成功。

李开复，是苹果公司电脑网络开发团队的优秀管理者和领导者。原先，他在自己非常喜欢的大学教书，日子过得轻松惬意。可是他总觉得生活中缺少一些什么。经过无数个辗转反思的难眠之夜，他发现自己最喜欢的工作是电脑编程，努力创造出改变世界的电脑产品，是他人生的最大乐趣也是自己愿意用一生去追求的事业。兴趣就是天赋，人只有在自己有天赋的领域里才能活得愉快活得成功。最终他凭借内心的感觉，选择进入了苹果公司。没过多久，他靠自己过人的技术和勤奋的努力，就赢得了所有人的尊重。自己也自信满满，“我将会是公司里最成功的一个，也永远是最出色的一个”。可是，他未想到在这个精英聚集的地方，自己却不是想象中最好的那一个。渐渐地，他感受到了一种前所未有的挫折感。痛定思痛，他明白了自己以前的自信有些过头。自信的同时缺少谦虚，特别是他明白了每个人的天赋和能力各有不同，人无法改变上天赠与的礼物，但可以通过对挫折的反思，将自己最出色的一面发挥出来。经过长时间和团队的磨合，他发现自己的技术能力不是最好的，但自己在电脑网络方面带领团队的管理领导能力却是很不错的，于是他调整了自己的奋斗目标。恰当的人生定位带来了人生的辉煌，他在自己适合发展的道路上，越走越远，取得了巨大成就。李开复的成功，是一个不断寻找自我定位、寻找成功途径的过程。天赋就是兴趣，兴趣就是长处，找到了兴趣，就是找到了天赋、找到了长处。

如何才能找准定位，扬长避短呢？

首先要认识自己的长和短，做好扬长避短的选择。

“百战不殆”的前提是“知己知彼”，知己的前提是解剖自己。鲁迅说，“我的确时时刻刻解剖别人，然而更多的是要无情面地解剖我自己”。解剖自己，贵在实践，真在认识。所谓贵在实践，就是要通过实践来验证自己的长处和短处。所谓真在认识，就是通过实践，真的了解自己长与短，真的选择好自己扬长避短的定位，真的坚定自信而谦虚、努力而智慧地奔向成功目标，走好、走远……

有位女作者这样解剖自己：

> “常言道‘不识庐山真面目，只缘身在此山中’。自己这座小山，凡身肉体，不抽身的时候，感觉是向上的，爱学习的，善良的，孝顺的，贤妻的，容人的，有些时候，感觉自己还挺了不起，工作之外，常弄出些所谓‘语不惊人死不休’的文字来，发表了，心里就暗藏了窃喜，轻飘飘的。工作也是，有点小的创意，立即想付诸实施，做了点小小的成绩，总是希望领导能知道、表扬和给予赞许。说是爱学习，其实是沉不下身的，反让我生出急躁来，有厚重的紧迫感。善良也只是停留在不有意做坏事，某些时候，遇上乞讨者总是会以小人之心度之，是不是骗子化装的？所以心安理得从他们身边轻松走过。说是孝顺，却只是拿鸡零狗碎的时间匆匆打发了盼我们回家的爹娘，吃完喝完后，立即以工作忙，要加班为理由扬长而去了。自己待人接物是温良和善的，但常常敏感地误解和挑剔别人的缺点和毛病，而要求别人如自己肚中蛔虫。”

读这段文字，仿佛自己被“挂在”手术台上，从学习、工作、善良、孝顺、容人等一刀刀剥开，一层层清楚地看到自己“不抽身”的时候，感觉是“向上”的，有时还“挺了不起”的，然而却是“不彻底”“不全面”的，还是有“臭毛病”的，有的还“臭不可闻”！这一刀刀的自我解剖，仿佛不是她而是我，说到了心里痛处，心服口服。人要正视自己，才能不因为一点小的能耐而沾沾自喜，也不会带着找碴儿的心理看人。人要自爱，但不能过分。自我感觉良好不代表别人也欣赏。解剖越有穿透力，就越能重启心智。

其次要把握自己的长与短，做好扬长避短的经营。

在人生的舞台上，把握自己是对自导、自演的人生大戏的经营管理，谢幕时，掌声、鲜花并不重要，重要的是获得“仰不愧于天，俯不怍于人”的心安理得，获得社会风气“拔河”比赛中赢得的凛然正气。每个人都是社会风气的一分子，风气的“拔河”往往也是自己身上长与短的竞争。贪权、贪钱、贪色就是短处，一身软肋，不堪一“拔”；责任在肩、敢于担当就是长处，铁骨铮铮，谁人敢“拔”。

春秋时有个宋国人得了一块美玉，奉献给宋国大臣子罕，子罕不肯接受。献玉人误以为子罕怀疑玉石是假的，便说明这块美玉已请玉匠鉴定过，确实是块宝玉。子罕说：“美玉是你的宝，不贪是我的宝。你把宝给我，丢了宝玉之宝；我收了你的宝，丢了不贪之宝，倒不如各自都留住自己的宝吧！”

“四知堂”，是东汉名臣杨震为官清廉的见证。杨震在居官荆州时，发现王密才华出众，便向朝廷举荐王密为昌邑县令。数年之后，杨震调任路过昌邑，王密亲赴郊外迎接恩师。到了夜里，王密前往杨震官邸拜谒，从怀中捧出黄金，端放于杨震的案桌上，说道：“恩师难得光临，特备小礼相赠，以报栽培之恩。”杨震说：“以前正因为我了解你有真才实学，才推荐你担如此重任，可你这样做，是太不知我的为人了。”王密说：“现在是深夜，无人知道。”杨震正色说：“你夜送重礼，天知，地知，我知，子（你）知！何谓无知！”王密听了这番话，羞愧地告退了。杨震的子孙为缅怀其清正德操，取堂名为“四知堂”。

“因为是领导干部，因为手握一定权力，围着转的人必然很多。有人打招呼，有人送东西，有人打着你的旗号谋利益，这样的烦恼和考验可能每天都会碰到。……先禁己身而后人，打铁还须自身硬。……从自己做起，坚持自省、自警、自律，……以自己的一身正气带动形成风清气正的政治生态。”这是一位领导干部廉洁自律的心声。人人如此，“风”会清，“气”会正，“拔河”会赢。

最后要总结自己的长和短，做好扬长避短的谋划。

总结就是认识自己的长和短，谋划发挥扬长避短。总结是实践的升华，通过实践才能挖掘、发现长和短，通过总结才能升华扬长避短。“世异则事异，事异则备变”，时势造英雄，环境改造人，不同的形势、不同的环境，不仅可以挖掘、发现自己的长和短，而且可以改变已知的长和短，进而重新谋划如何扬长避短。这就需要在总结中，善于反思，善于“罪己”。人也许永远无法让自己的主观认识完全合乎客观真理，但这不是要害，真正的要害是人是否知道反思自己和修正自己，以避免自己重复地犯同类的错误。总结就是反思，而且是“自观”“自省”“自忏”的反思。“一个没有自我反思能力的人是没有出路的。”“罪己”的反思，是对自己思维的思考和理性的把握，更是修正自己、扬长避短的总结。

在这方面，水是我们学习的榜样，水随物赋形而善利万物，外界温度太高时，水变成气体；当外界温度太低时，水就变成冰；处于常温状态时，水就是液体。水的运动力非常强大，当遇到阻碍时，能直接冲掉的就冲过去，冲不了的就绕过去，虽然会走很多弯路，但始终沿着自己行动方向，不停地向前。有的时候不能绕开，只能面对，即水滴而石穿。这就是水的哲学，改变自己不改方向——水往低处流，改变自己又不失去自己——生存的信念哲学，改变自己最终赢得自己——扬长避短的道理。

现实生活中，当遇到困境时，很多人都希望环境改变、别人改变，而自己保持不变，觉得这样最省力气、最便捷，于是拼命改造别人。其实这是没有策略的做法，枉费气力而收效甚微，倒不如扬长避短先改变自己，避免先改变别人浪费时间、精力的短处，集长之优，克短之劣，走向成功，赢得成功。

做人如此，做事亦如此。比如，我国的七次税制改革。第一次，1950 年新中国成立之初百废待兴，政务院颁布《全国税收实施纲要》，设 14 个税种，实行“多税种、多次税”的复合税制。第二次，1958 年高举总路线、“大跃进”、人民公社三面红旗，受“左”的思想和苏联财税制度的影响，选择了重利轻税制度，税种简化为 9 个，全国试行工商统一税，国有企业试行利税合一，人民公社试行财政包干。第三次，1973 年，受“无税论”“非税论”的影响，税种简化为 7 个。第四次，为了落实党的十一届三中全会实行改革开放的路线、方针和政策，第一步于 1980 年、1981 年先行建立了涉外税收制度，先后分别制定了中外合资企业、外国企业所得税法，个人所得税法。1983 年、1984 年国有企业试行了“利改税”，结束了 30 多年不缴所得税的历史，由此形成了内外有别的新税制体系。第五次，1994 年，围绕党的十四大确立的社会主义市场经济目标，建立符合社会主义市场经济需要的税收制度。统一内外资企业流转税，实行以增值税为主体，消费税、营业税并行的流转税制；统一内资国营、集体、私人企业所得税制度；统一个人所得税，将个人所得税、个人收入调节税、个体工商户所得税合并统一为个人所得税制度。

第六次，2003年，党的十六届三中全会决定实施分步税制改革方针，以简税制、宽税基、低税率、严征管为原则，完善流转税、发展所得税、健全地方税、统一城乡税制。第七次，2013年，党的十八届三中全会决定税制改革，一是将财税体制提高到国家治理体系和治理能力的层面，二是将“税收法定原则”第一次写进了党的纲领性文件，三是确定了营改增等六项税制改革任务。

七次税制改革的历程，好像是立律思维的一张画像。每次税制改革都是强调自我，充满改革的自信心；都是克服自我，走过优胜劣汰的扬弃过程；都是改造自我，重塑“蛋糕”利益；都是为促进经济发展、惠及人民利益发挥“牵牛鼻子”的作用；都是为了经济体制发展需要，从适应计划经济到适应“有计划商品经济”，再到适应社会主义市场经济。一次次超越自我发展上进，一次次努力实现改革规划蓝图。发展是硬道理，不断上进是最好的发展。

15. 改造自我——重塑

征服命运的人，常常是那些勇于改造自我而不甘等待机遇恩赐的人。

改造自我是修身重塑的律条

改造，就是改变、打造。改造自我，就是磨炼灵魂，提升心志，重塑“金身”，有点脱胎换骨、点石成金的意思。

人都有短处，短处是一滴墨水，可以变黑一盆清水，短处虽小，影响却大。改造自我，实质就是不断反省改正自身短处，实现自我净化、自我革新、自我完善、自我超越的过程，达到自我重塑的目的。周恩来说过，“要把自我改造看成空气一样，非有不可”“自我改造是为了进步，是光荣的事情”“活到老，学到老，改造到老”。这是自我改造的典范，这是人格魅力的源泉。

多积尺寸之功，经常防微杜渐。改造自我，要解决人生观、世界观的问题，过好思想关；改造自我，要解决立场问题，过好政治关；

改造自我，要解决社会形形色色旧思想、旧习惯的影响，过好社会关；改造自我，要解决情感对自己的影响，过好情感关；改造自我，要解决物质生活和精神生活的问题，过好生活关。改造自我是一辈子的事，永远在路上，永远进行时。

人，会迷茫、会沉浮，但最后还是会听见心底的呼唤，找到那些被凡世尘埃淹没的最珍贵的东西。改造自我，是以正确思想改造主观世界和客观世界的过程，是主观愿望与客观实际相结合的过程，是变被动为主动的过程，是变“任性”为理性的过程，是重塑灵魂自我修身的过程。征服命运的人，常常是那些勇于改造自我而不甘等待机遇恩赐的人。

改造自我，塑造世界

“天有日月星，人有精气神”，每个人都生活在两个世界里，即客观世界和主观世界。常言道“水往低处流，人往高处走”，日升月落、寒来暑往，生老病死、苦乐悲欢，客观世界与主观世界都有其遵循的客观规律。规律是客观存在，无法被消灭也无法被创造，只能被遵循，有时甚至还有点儿“顺我者昌，逆我者亡”的“霸道范儿”。

人也是有个性的，适应规律的个性，活得就顺，不适应规律的个性，活得就难，甚至亡。所以，人要活得顺、活得好，就需要改造自我，适应规律。哲学的观点认为，认识世界是指人们对自然和社会发展规律的认识。改造世界是指改造客观世界和主观世界。改造客观世界即改造自然和社会，改造主观世界即改造人们的认识能力，改造主观世界和客观世界的关系，使主观认识符合客观规律，以便更好地改造客观世界。改造人们的认识能力，改造主观世界与客观世界的关系，就是改造自我，使主观认识符合客观规律，以便更好地改造客观世界，就是使自我的思想和行为顺从、适应客观规律，以致在价值多元的现代社会里，牢固建立“心灵坐标”，重塑“两个世界”。有时“改变你自己，就能改变你的世界”，换一种思考方式、行为方式，你可能就会发现整个世界都“柳暗花明又一村”了。

曾经有一位哲学家，他每天都在思考人与社会的关系：是社会改变了人，还是人改变了世界？一天，他正在聚精会神地写文章，他的儿子在旁边捣乱。他很烦，便拿起手边一本旧杂志，扯下一张色彩鲜艳的地图，撕成碎片，给他儿子：“你去旁边的屋子，把这张地图重新粘好，如果你能完成，就给你五块钱。”他以为这样会使儿子花费很长时间，自己可以清静一下。但是没一会儿，儿子敲门进来，手里拿着那幅粘好了的世界地图。他检查一遍，竟然没有任何错误，便吃惊地问：“这么复杂的地图，这么短的时间，你是怎么拼对的？”儿子自豪地跟他说：“我发现一个秘密，地图的背面是一个人的头像。我不知道怎么拼成一个完整的世界，但是我知道怎么拼出一个完整的人。我想如果这个人是正确的，那么，这个世界也是正确的。”儿子最后的话让哲学家豁然开朗。“在这个起伏不定的世界，我们每个人都疲惫地捧着一大堆世界的碎片——房子、汽车、工作、朋友、敌人、父母、孩子……但是千万别忘了，在这些凌乱的碎片背面，隐藏着一个人的形象。如果一个人是正确的，那么他的世界也跟着正确起来。”

陈坤，是获得第30届金鸡百花奖最佳男主角的著名演员，很小的时候因父母离婚跟姥姥生活，也因此被同学排斥，同学们聚会郊游都不邀请他，陈坤慢慢地习惯了一个人我行我素。人家不怎么搭理他，他也乐得清静，不搭理人家。后来，陈坤渐渐成名，在演艺圈有了一席之地。但这个从小生活在贫寒家庭里，性格内向孤僻的男人，一下子却不适应被人关注的富贵生活。2003 年到 2006 年那段时间，陈坤的内心一直恐慌不定，突如其来的名利把他推上了另外一条轨迹。“我整夜整夜地失眠、厌世、悲观，觉得人生没有意义。有几次我靠近窗户，差点跳下去。”后来，通过与朋友、心理专家交流，陈坤开始明白了自己心情抑郁的原因：“整个主流社会的要求就是你快一点，快一点，结果我们在这样一个不能喘息的过程中，忘记了慢下来，忘记了怎么去跟内心打交道。”以前，陈坤觉得自己很帅，很多人觉得他不会演戏，他就拼命想要证明，刻意把自己弄丑。突然有一天他觉得，既然我已经很帅了，那就继续这样做下去吧。“当我接受这个状态，我就比较轻松了，并且天天和人说我自恋。说自己是‘男花瓶’，又怎么样呢？阻力无非就是负面能量，遇见了，别怕、别躲。”他说，“如果在生活中发生一件不愉快的事，我们大多的能量都在关注‘为什么要发生这样的事’，我现在就想，为什么不感谢这件事发生了呢？”这就是让自己考虑事情时多一个维度，其实生活本不复杂，也不需要假设。

陈坤的成长，是他把面对现实问题的态度，从埋怨变成感谢，事还是那些事，由于换了改造自我的维度去面对、去考虑，就变成了“一切拥有的都是最好的”，这就是改造自我的力量，也是改造自我的目的。

改造自我，塑造胜利

人，不论做什么，都渴盼着胜利。可谓胜利人之所欲也，从胜利走向胜利亦人之所欲也。那么，什么是胜利呢？一般来说，赢了、成功了，就是胜利，但从本质上来说，胜利是主观认识符合客观规律要求，实现了改造客观世界的目标。怎样才能取得胜利？这说来话长，简言之应该明白什么是主观认识，什么是客观规律，什么是改造客观世界目标。主观认识是指人的意识、精神以及思想认识和思想方法。正确的、科学的认识能够指导人们积极地改造客观世界，错误的、歪曲的认识会把人们改造客观世界的实践引上邪路，妨害历史的进步。客观规律是指人的意识以外的物质世界（认识的对象）的客观存在，是不以人的意识为转移的客观世界。无论是自然界还是人类社会，都按着本身固有的规律发展。改造客观世界目标是指人要从实际出发，实事求是地制定改造目标，贪大图快都将事与愿违。所以，人要获得胜利，主观认识一定要符合客观规律，一定要制定符合实际的目标。人们对规律只可以认识它，掌握它，运用它来为人类造福。也只有改造自我，主动认识规律、顺应规律、运用规律，才能获得自我重塑的动力，活出自我价值，实现主观愿望渴盼的胜利，不断塑造新的胜利。

毛泽东思想是指导我们事业的核心力量，是中国革命和建设胜利的保障。毛泽东在半个多世纪的革命活动中，创造性地把马克思列宁主义普遍原理与中国革命具体实践相结合，正确地解决了我国革命中一系列重大理论和实践问题，为中国革命事业和国际共产主义运动建立了不可磨灭的功勋。在中国这样一个半殖民地半封建的东方大国里进行革命，必然会遇到许多特殊复杂的问题。很明显，只靠背诵马克思列宁主义一般原理和照搬外国经验，是不可能解决这些问题的。在20世纪20年代后期和30年代初期，国际共产主义运动中以及我们党内把马克思主义教条化、把共产国际决议和苏联经验神圣化的错误倾向盛行一时，它曾使我国的革命屡遭挫折，几乎陷入绝境。以毛泽东为代表的中国共产党人，在同这种错误倾向做斗争并深刻总结这方面的历史经验的过程中，创造性地把马克思主义中国化，逐渐形成了适合我国情况的科学的指导思想，即毛泽东思想，并在之后的革命、建设和改革中不断完善，引导着中国革命和建设不断从胜利走向胜利，深刻地改变了近代以后中华民族发展的方向和进程，深刻改变了中国人民和中华民族的前途和命运，深刻改变了世界发展的趋势和格局。

改造自我，塑造未来

未来，人人都有，人人又都不同，这是不争的事实。不同的原因是因为每个人对待未来的态度不同。人对未来的态度大体有两种：一种是“等”未来，其表现为随波逐流、随遇而安；一种是“挣”未来，其表现为天赋加努力，努力中伴有奋斗加“挣扎”。美国最具影响力的成功学讲师博恩·崔西说：“只有3%的人为未来做详细的规划，而97%的人不为未来做什么规划。通常来说，做规划的人有自己的事业，而没有规划的人则为那些有规划的人工作。”这就是说，客观的未来掌握在主观自我手中，把未来当作事业规划，是一种前程，反其道而行之则是另一种前程。

前程实质是从出路到出息的选择与实施的结果。为什么这样说，因为只有自己知道自己适合做什么，应该追求什么，弄清楚这个前提答案，再去选择脚下的道路。也就是说，找准自己的道路，找准自己的方向，找准自己的速度，只要三者都差不多，就会是一个相对成功的人。每个人认定一条自己喜欢的道路去走，就算走错了，也可能遇到绝佳的风景，这种感受在风光旖旎的地方最有可能。然而，你若身处无边荒凉的沙漠，则一步也不能走错，甚至走对了，也会渴死在中途。所以说，决定个人命运的要素，除了智商和情商，还有大环境和大气候。这就是有了出路，才能再谈出息。出路和出息都与主观自我有关系。如果路选择的不对，要改造自我，重新选择适合自己未来发展的路。选路的时候，要考虑自我主观里的客观——天赋、兴趣，也要考虑自我主观外的客观——大环境、大气候，如此这般，才能塑造未来，才能“挣”得成功。

有一个人总是落魄不得志，便去问哲学家怎么办。哲学家先舀起一瓢水，问：“这水是什么形状？”这人摇头说：“水哪有什么形状？”然后，哲学家把水倒入杯子，这人恍然：“我知道了，水的形状像杯子。”再然后，把杯中水倒入花瓶，这人悟道：“我知道了，水的形状像花瓶。”最后，把花瓶的水倒入一个盛满沙土的盆。清清的水一下渗入了沙土，不见了。这个人陷入了沉默与思索。这时，哲学家抓起一把沙土，叹道：“看，水就这么消逝了，这也是一生！”这个人对哲学家的话咀嚼良久，高兴地说：“我知道了，您是通过水告诉我，社会处处像一个个规则的容器，人应该像水一样，盛进什么容器就是什么形状。而且，人还极可能在一个规则的容器中消逝，就像水一样，消逝得迅速、突然，而且一切无法改变！”哲学家说：“是这样。又不是这样！”说完，领着这个人来到屋檐下，指着地上石板的凹处说：“一到雨天，雨水就会从屋檐落下，看到这个凹处就是水落的结果。”此人遂大悟：“我明白了，人可能被装入规则的容器，但又应该像这小小的水滴，改变着这坚硬的青石板，直到破坏容器。”“对，这个窝会变成一个洞！”人生如水，既要尽力适应环境，也要努力改变环境，实现自我。人生如水，应该多一点韧性，在必要的时候弯一弯，转一转，这样才可以克服更多的困难，战胜更多的挫折，拥有一个成功而有意义的人生。

有一位曾参加国务院总理李克强主持的“大众创业、万众创新”座谈会的年轻人，在他 25 岁时，与几个同学成立了一家 IT 公司，敢想敢干，业绩不错。但谁曾想到，就是这个年轻人，因沉迷网络，初三毕业没能考取高中，恰巧也是那一年，自家开的 50 人小纺织厂也因种种原因倒闭关门。也许残酷的现实令他觉悟，“好好学习，改变自我，改变人生”。因此，他努力重读一年，考上了汕头市最好的高中。但由于基础太差，开始他跟不上，总是排在倒数第几位。后来，他改变了学习方法，比别人付出成倍的努力，在补齐基础短板的同时，跟上进度，最终超越 690 人的成绩，由倒数几名一跃成为前几名，并以较好的成绩考取了大学。大学毕业后，曾任职几家公司，但都不遂人愿，最后选择了辞职创业而大获成功。

诺贝尔经济学奖的获得者纳什，是美国西弗吉尼亚州人。中学时，物理化学成绩频频出现零分，数学老师常常抱怨他使用一些奇特的解题方法。高中毕业没能考上大学，但著名的普林斯顿大学得知他的这一情况后，毅然破格录取，使他走进了全世界的数学中心。生活中，他喜欢独来独往，整天劳神苦思，浸泡在数学的自由王国里，梦想成立世界政府，梦想生活中许多事情完全都跟神秘的数学符号相关，等等。因此，被认为是“疯子”而送进了精神病院。功夫不负有心人，经过 10 年沉醉的数学生活，他的名字开始出现在数学和经济学等领域的各大学术报刊上。25 年后，也就是 1994 年，他荣获了诺奖，并以他名字命名了“纳什均衡”“纳什程序”等专业术语。此时，一些人惊叹“原来他还活着！”在诺贝尔颁奖典礼上，纳什说：“在漫长的 25 年里，在你们看来，我活在不真实的思维里。但我找到了‘数学’这个缺口。当我找到它时，非常兴奋和无比快乐。我顺着它一路爬过来，就获得了今天这枚奖章。”由此看来，成功有个缺口，这个缺口就是你的兴趣。当你找到了它，顺着它做下去，就会如鱼得水。

改造自我，塑造未来，个人如此，人类也如此。美国能源部前部长朱棣文曾在哈佛大学的一次演讲中说：

“气候问题是我们的经济发展在无意中带来的后果。我们太依赖能源，冬天取暖，夏天制冷，夜间照明，长途旅行，环境观光。美国人口占全世界的3%，但是消耗了全世界25%的能源。与此形成对比，全世界还有16亿人没有电使用，数亿人依靠燃烧树枝和动物粪便来煮饭。发展中国家的人民享受不到我们的生活，但是他们都看在眼里，他们渴望拥有我们拥有的东西。”“这就是新的挑战。全世界作为一个整体，我们到底愿意付出多少来缓和气候变化？”“气候变化将影响整个世界，但是我们的天性使得我们只关心自己家庭的利益。我们能不能把全世界看作一个整体？能不能为未来的人们承担起责任？”“如果有一个时机，可以引导美国和全世界走上可持续能源的道路，那么这个时机就是现在。”“未来并非在劫难逃，我们依然有机会。”

最后，朱棣文引用马丁·路德·金在越南战争结束的评论来结束演讲，并强调它“非常适合用来评论今天的气候危机”。

“我呼吁全世界的人们团结一心，抛弃种族、肤色、阶级、国籍的隔阂；我呼吁包罗一切、无条件对全人类的爱。你会因此遭受误解和误读，信奉尼采哲学的世人会认定你是一个软弱和胆怯的懦夫。但是，这是人类存在下去的绝对必需……我的朋友，眼前的事实就是，明天就是今天。此刻，我们面临最紧急的情况。在变幻莫测的生活和历史中，有一样东西叫作悔之晚矣。”

气候问题是全球的问题，是危及人类生命的问题，是人类过度依赖、开发、利用自然资源带来的问题。如果全球人类不团结起来，共同改造自我主观认识，共同约束限制自我行为，人类将受到客观自然规律更为严重的惩罚。希望“巴黎气候”谈判达成的协议能够得到世界各国的有效执行。现在执行还来得及，否则真是悔之晚矣。从这点上看，自己救自己，改造自我，塑造未来，是人类的共识，也是必须的共为。

在一个充满变革与未知的世界，“自我向何处去”的问题尤为客观。人们总是用一种定式思维去经营人生，结果，怎么也走不出自己为自己设置的牢狱，终生与成功无缘。人顺应规律，改造主观、客观，才能塑造“世界”、塑造胜利、塑造未来。马克思说：人的思维是否具有客观的真理性，这并不是一个理论的问题，而是一个实践的问题。

成功的未来，源于对规律的深切认识、把握和探索。未来在自己手中，在自己脚下，在改造、塑造的整个人生征途上。

16. 发展自我——上进

世界上最好的发展，就是不断地上进。

发展自我是修身上进的律条

发展，是哲学术语，指事物由小到大、由简到繁、由低级到高级、由旧事物到新事物的运动变化过程。唯物辩证法认为，物质运动是根本属性，向前的、上升的、进步的运动就是发展。

上进，就是向上、进步。上进，是一种追求建设性变化的内在渴望，是一种积极心态的进步动力，是一种责任和本能的要求，是每个人心中为实现自我价值而存在的力量。

发展自我好比逆水行舟、不进则退的道理，只有发展，才会上进。发展是道理，不发展是没道理。道理即规律，顺规律者上进，逆规律者倒退，天之可鉴，人不可违。

发展自我如同以攻为守的策略，只有攻下新的，才能守住旧的。不发展自我，既守不住旧的，更得不到新的。只有发展自我，才能善攻善守解决发展问题，才能善做善成增长实践才干，才能善始善终担当起时代赋予的责任。

发展自我是激情燃烧的态度。态度决定高度，态度决定一切。人生的道路上，谁能将激情贯穿一生，谁就最终会成为命运的宠儿。假如梦想没有激情，事业将一片荒芜；假如心灵没有激情，生活将平淡无奇；假如行动没有激情，人生将一事无成。生命之灯因激情而点燃，生命之舟因态度而前行。

发展自我是实现目标的规划。凡事预则立，不预则废。树立目标是伟大人生的开始。发展自我就是带着目标上路，把握现在、把握重点、把握过程转化结果、把握人生价值的目标。态度决定一切，目标决定态度。一个人有多大目标，就会有多大成就。

发展自我，时不我待，抓起来、干起来、冲上来，什么时候都不晚。

发展自我才能应对变化

变化是永恒的，是无法抗拒的规律，世界上唯一不变的，就是变化本身。“物竞天择，适者生存”，自然变化倒逼自己应对是被动的应对，自己变化自觉应对自然变化是主动的应对。应对自然变化、社会变化，包括婚姻变化，需要发展自我，更需要主动发展（改变）自我。

早在 150 年前，英国伦敦因雾霾天气死了不少人，倒逼英国议会立法，限制开采自然资源、限制工业废气排放……到了 20 世纪 70 年代初，已经向居民开征“垃圾税”，以减少污染保护环境。

婚姻本是神圣的，为什么现在离婚率那么高？有人说，“七年之痒”是婚姻离与不离的临界点，也是离婚的高峰期。其实，婚姻离与不离的经营，关键在于发展（改变）自我，主动应对。

有一个故事，说明了什么是真正的婚姻，什么是离婚和不离婚的真正原因。一对小夫妻，妻子口味清淡，丈夫无辣不欢。妻子常去父母家蹭饭。一天，妻子的父亲做的菜咸了些，母亲一声不响拿来水杯，夹了一筷子菜，将菜在清水杯里过一下后再入口。忽然，她从母亲细微的动作里领悟到了什么。第二天，妻子在家做的每一个菜里都放辣椒。只是，她的面前多了一杯清水。丈夫看着她津津有味地吃着清水里漂过的菜，眼睛里有轻微的湿润。之后，丈夫争着做的菜里面再也找不到辣椒了，只是他的面前多了一碟辣酱。菜在辣酱里蘸一下，每一口都吃得心满意足。她们就这样坚守一份天长地久、细水长流的爱。

婚姻不那么简单，看那些白头偕老的，一生基本上都结“三次婚”，都经历了三重境界。第一是与一个自己所爱的人结婚。第二是互与对方的习惯结婚。第三是与对方的各类的亲情结婚。现在好多人结婚两三年就离婚的原因，就是没有把自己的婚姻从第一重境界经营发展到第二重境界——与对方的习惯结婚，更没有经营发展到稳固婚姻的第三重境界——与对方的各类亲情结婚。所以，在这个世界上才有了不少破碎的婚姻。

发展自我才能解决问题

从“大自我”即国家层面看，发展自我成为战略性思维。1992年邓小平视察南方发表重要谈话，强调发展是硬道理，要抓住时机，发展自己。“中国解决所有问题的关键是要靠自己的发展。”党的十八届三中全会指出，“坚持发展仍是解决我国所有问题的关键这个重大战略判断”。只有发展才是解决所有问题的关键，只有发展才是道理、才是出路，才是上策。从“小自我”即个人层面看，没有金刚钻，就揽不了瓷器活儿，发展自我是“自我革命”“以攻为守”的战略战术。

20 世纪 90 年代初，广东有一家生产电话机的合资企业。由于外方采取“高进低出”（进原材料抬高价格，销产成品压低价格）的转让定价手段，使企业陷于困境。中方在调查明白后，就在中国香港注册公司，部署好“自进自销”的准备后，向外方摊牌。外方说：你离开我一事无成。中方说：我是有备而来。外方又说：你这是过河拆桥。中方却说：我这是借船出海。如果中方不是发展自我，做好充分准备，那只能给人家数钱了。

本田公司原是日本生产电动脚踏车和摩托车的一流厂商。1962 年 9 月 23 日成立 14 周年的当天，本田突然宣布解聘公司首席常务董事和次席常务。这两人从创业之初就是本田的得力助手，是公司的元老，何况次席常务还是本田的亲弟弟，这一决定在当时引起不小的震动，也十分令人费解。但本田却说：“今后本田科技将向世界企业发展，因此，为了使本田脱离家族公司形势，必须将高级干部的阵容汰旧更新。”这项改革迅速使本田这家地区性的公司向世界性大企业迈进，公司内部充满了朝气，业务发展很快。本田虽曾有“昭和爱迪生”之称，但他认识到，随着科学技术日新月异，自己知识有限，必须由一代新人接棒才行。于是，在 1969 年 8 月，本田决定将总经理的宝座让给河岛。由于河岛有现代科学技术知识和现代企业管理才能，很快改进了老型汽车的致命缺点。并将这家公司于 20 世纪 80 年代发展成为世界闻名的企业。正是“汰旧更新”“主动让出”这发展自我的两招，使本田公司发展成为世界闻名的企业。

发展自我才能担当责任

个体是组成社会的细胞，是文明的承载者。个体文明是公共文明的基础，个体文明的质量决定群体文明的质量。每个人都是社会的一分子，也对整个社会风气负有不可推卸的责任。只有不断地下学上达，发展自我，才能真正地担起这个不大不小的责任。

先进人物担当了社会文明的榜样。20 世纪 60 年代的“雷锋精神”，教育了几代人，激励了几代人，并走出国门、走向世界。当代时下评选的“优秀共产党员”“道德模范”等先进人物，也释放了正能量，支撑了正运转，激发了正心气，激励着人们崇德尊道，向善爱美。

领军人物担当了行业文明发展的推手。所谓名校，是因为有名教授；所谓名医院，是因为有名医生；所谓名剧团，是因为有名演员，……各行各业的进步水平，离不开这些“名角”的推动发展。

领袖人物担当了引领社会发展的责任。马克思，是世界无产阶级和劳动人民的伟大领袖、伟大导师。1848 年，马克思和恩格斯加入了共产主义同盟，把这个德国流亡者的组织改组为第一个无产阶级的政党，并于 1848 年 2 月发表了为同盟起草的纲领《共产党宣言》，揭示了社会发展学说、使命和方向，激励了无数饥寒交迫的人们，打破身上的枷锁，获得自由和解放。列宁评价说：“这部著作以天才的透彻鲜明的笔调叙述了新的世界观，即包括社会生活在内的彻底的唯物主义、最全面最深刻的发展学说辩证法以及关于阶级斗争、关于共产主义新社会的创造者无产阶级所负的世界历史革命使命的理论。”[①]1867

① 刘延勃. 哲学词典［M］. 长春：吉林人民出版社，1983.

年，马克思又出版了《资本论》，论述了资本主义社会的经济运动规律，揭示了资本主义必然灭亡和社会主义必然胜利的科学结论，不但把社会主义置于牢固的科学基础之上，而且应用和发展了唯物辩证法和唯物史观。直至今天，每当经济危机肆虐，《资本论》仍然会成为人们寻求药方的首要选择。

发展自我，是基本责任、是社会责任，更是必须担当的责任。那么，如何才能发展自我呢？

发展自我需要坚定自信

自信，是一种能发展好的态度，也是能发展好的动力。

自信源于信仰。信仰是自信的基础，理论是信仰的基础，理论自信是自信的核心基础。《辞源》这样解释信仰——对某种宗教或主义极度信服和尊重，并以之为行动的准则。正是对王道仁政有着坚定的信仰，孔子在颠沛流离之时，仍能不改初心怡然自得；正是因为对共产主义无比坚定的信仰，马克思才能在面对反动政府的迫害、剥削阶级文人围攻时，始终坚持自己的革命意志和战斗决心。

自信源于立场。立场决定态度，态度决定高度。发展自我的自信，一定是独立自主的立场，发展的基点一定是放在自己的力量上。“我们希望有外援，但是我们不能依赖它”，相信自己，坚定自信心，坚持自己的路。“不管风吹浪打，胜似闲庭信步”。

自信源于观点。观点科学决定行为科学。发展自我的自信，一定是科学的自信，自信的观点一定是科学的观点。因此，自信不能盲目、不能过度。自信不当，效果反差；自信适当，力量无限。科学观点的自信力量，是一种“精神变物质”的力量，是一种发展无穷尽的力量。

自信源于方法。方法是实现目标的工具。从某种意义上说，方法的效率决定目标实现的速度、高度。发展是哲学名词，唯物辩证法是最完备的发展学说。发展自我的自信方法，一定是唯物辩证法的思想方法。其一，实事求是。做到实事求是不易，但要尽量做到。首要是从自我实际出发，知己知彼，扬长避短；核心是以解决实际问题为标准，有价值感、有成就感、有获得感、有自信感。其二，群众路线。“相信党、相信群众”要生根于思，落地于行。自我是群众的一员，发展自我需要创建“军民鱼水情”的环境；自我是党领导下的一员，发展自我需要党指引方向。发展自我不是为了自己，不是单打独斗、特立独行。其三，独立自主。发展自我，需要自信，更需要独立自主创新；需要遵从自我实际，更需要借鉴“他山之石”，攻己之玉；需要勇气，更需要马克思主义理论指引。这就是坚定自信闯天下的自尊心和自信心。

发展自我需要谋定思路

谋即谋划，定即决定，谋划决定发展自我干什么、怎么干，也就是“谋定而后动”。思就是思想，路就是道路，有什么样的思路就会走什么样的道路。“思路决定出路”，出路就是结果，出路决定结果。思路创新，黄土成金，思路一通路路通，思维一变处处变。

谋定人品。人是身，品是心，立人先立心。本真的东西，对人来说具有质的规定性，决定着人的价值取向、发展道路、前途命运。心始终是人的本源、本质、本真。“好心有好报”“一百种理论不如一种良心”，“好心”“良心”不会凭空而来，而是谋定、修炼的结果。星云法师说：做好事，说好话，有好心。有人悟道：即使做不了什么好事，说不了什么好话，没什么好心，但起码是没有坏心。还有人悟道：以清静心看世界，以欢喜心过生活，以平常心生情味，以柔软心除挂碍。其实，内心的强大是生命的强大，心比天大能做天大的事，心比针眼还小，恐怕小事也做不成。谋定“好心”，才能修炼“好心”，修炼“好心”才能做好事、说好话，才能化解生命中的种种遗憾、不留遗憾。如果说谋定人品是一种生产力，那么修炼人品就是一种创造力。

谋定事则。事则就是做事的原则。做事的基本原则就是道德底线、法律底线，就是处理具体事件的共识和规矩。遵守原则，可以相安无事，违背原则，就要制裁惩罚，这也是共识的原则执行规矩。当然，原则也不是一成不变的，原则是在事物发展中建立的。比如虚拟经济，是在商品经济基础上诞生的一种新的经济，更是以残酷的方式将经济推向不可知的深渊。百年来很多经济危机都是虚拟经济引发的。其中重要的原因就是对虚拟经济的发展尚缺乏行之有效的管理原则。又比如国际税收，自 1923 年以来，就是针对实体经济以避免“双重征税”为着重点的，而随着数字经济的发展，现在则以避免“双重不征税”为着重点，也就是防止跨国纳税人侵蚀税基和利润转移。为此，防止税基侵蚀和利润转移（BEPS）行动计划应运而生。这就是国际税收百年重塑的新规则，也因此而开创了国际税收的新时代。

谋定格局。所谓格局，乃人生的眼界与气魄，眼界决定境界，谋格局、审格局、成格局终生受用受益。契诃夫的经典短篇《小公务员之死》，讲述一名小公务员打喷嚏不慎把唾沫溅到将军身上，竟为自己的无心之失一再道歉，终于惹烦了本来并不在意的将军，被呵斥后吓得一命呜呼。联系到现实，有的人蝇营狗苟，为了名利喋喋不休、争斗不止。殊不知，崇尚权术、周旋诡道的“跷跷板”上从来不会有什么赢家，两面三刀的结局只能是“一种灰色吃掉另一种灰色”，彼此倾轧得血肉模糊、伤痕累累。观照古今，“谋大事者首重格局”。指点江山，激扬文字，粪土当年万户侯，是大格局；英雄一世，坎坷一生，坦言“一辈子没有整过人”，亦是大格局。正所谓“格局决定结局，态度决定高度”，发展自我，干事创业，应以“天下为公”布大局，时刻坚守政治规矩底线。计利当计天下利，求名应求万世名。尤其是共产党员做人做事、律己用权，更应该要忘怀得失、不计功与名。想要发展自我，有所成就，就要谋定人生格局、提升人生格局。格局的谋定，不分先后，不计早晚，什么时候谋定，什么时候受用。谋定的格局，区分大小，依次渐进，可能更受益。

发展自我需要笃定实践

实践是发展自我的“大熔炉”，可以铸成铁、可以锻成钢、可以炼成金；实践是发展自我的“试金石”，检验行为效果的好与坏、对与错；实践是发展自我的“校准器”，可以提供经验教训，校正发展方向，调准思路方法，实践再实践，成功再成功。

发展自我，笃定实践，就是要笃定实干。空谈误国，实干兴邦。干部，“干”始终是第一位的，干部都是“干”出来的。问题在“干”中才能解决，办法在“干”中才能找到，机遇在“干”中才能抓住，成绩在“干”中才能取得。懂得道理是根本，懂得怎么干是关键。一要愿干。“道虽迩，不行不至；事虽小，不为不成。”干是天职，干是责任，干是担当，干是追求。唯有干，才能实现人生价值；唯有干，才是没有妄活一生。二要真干。干事贵在一个真字，共产党人最讲“认真”。认真、扎实干事，不虚、不躁、不冒、不傲，铆足精神、扑下身子，干就干好。三要巧干。要善于总结，以独特视角总结经验教训，以独立思考分析成败原因，以独到见解提出解决办法；要善于创新，突破传统思维方式，改变旧的思路模式，从实际出发来思考问题，从现实需要来分析问题，从促进发展来解决问题，把创新作为巧干的“撒手锏”；要善借“外脑”，“他山之石，可以攻玉”，学人之长，补己之短，借力打力，发展自己；要善用合力，善以沟通求同，善以变通存异，化消极因素为有利因素，打造“和平”环境，打造“合力”团队，在提升集体力量中发展自我，在实现集体目标中贡献自我。

发展自我，笃定实践，就要笃定革命理论。“没有革命的理论就没有革命的行动”。1931 年“九一八事变”后，在白山黑水间的东北抗日战场，东北抗日联军拼尽全力抵御外敌，明知敌强我弱也要断然亮剑。孤身血战的杨靖宇将军，面对上百日伪军，在生命最后一息仍将枪口顽强地对准敌寇。日寇不理解杨靖宇在封山数日没有粮食的日子里，为什么还能坚持战斗？解剖后发现胃里除了棉花就是树皮。共产党人这种笃定革命理论的笃定实践，日寇、伪军、汉奸怎么能够理解？！共产党人笃信共产主义，就会坚持笃定实践共产主义。今天、今后也是一样，沿着共产主义的方向，实践再实践，奋斗再奋斗，直至实现。发展自我，笃定实践，是有理论的、有方向的、有目的的，也是要有结果的。种什么种子，就会开什么花，结什么果。春华秋实的结果，是有目的地实践的结果，这样的结果，有价值，也可贵。

17. 超越自我——奉献

“天下即人身”。捧着一颗心来，不带半棵草走。

超越自我是修身奉献的律条

人的肉体几乎没有差别，真正决定人与人差别的是人的灵魂。“自己”，如果走向肉体，就走向了贪嗔痴，乃至坑蒙拐骗；如果回归灵魂，就走向了觉醒，不但能重新认识自己，而且还能超越自己，创造一个全新的自己。

超越，本意是逾越、胜过，深层含义是认识自我、战胜自我。超越自我，在一定程度上是放下自我，超越过去的思维方式和行为方式，达到高尚自我的奉献。

奉献，是一种爱心，是一种责任，是一种伟大的价值观，是一种精神文明的伟大力量。

“人之初，性本善”，人先天有个“好的自己”；“性相近，习相远”，后天坏习惯会内化成另一个“坏的自己”。一个身体两个自己，一个善的、好的、奉献的，一个恶的、坏的、索取的，关键在于谁战胜谁。如果让好的自己战胜坏的自己，使好的自己更好，这就是深层次的超越自我。自己把自己说服了，是一种理智的胜利；自己被自己感动了，是一种心灵的升华；自己被自己征服了，是一种人生的成熟；自己完成了觉得很难完成的事情，甚至想都不敢想的事情，是一种精神的创新超越。李时珍尝遍百草，以命试效写就了《本草纲目》；红军超越人的生命极限完成万里长征；周恩来用一生诠释“捧着一颗心来，不带半棵草走”的真谛。认识自己、超越自我，达到“天人合一”的人与自然的和谐，是至善至美的奉献。无私、无畏、无我的奉献是人生的一道伟大彩虹。

超越自我，是一种思维，也是一种精神；是一种动力，也是一种能力；是一种责任，也是一种担当。

超越目标，奉献先进精神

目标伴随人生，人的一生中会制定各种各样的目标，有小目标、大目标，有近目标、远目标，人生的过程也是不断实现目标的过程。有目标就有方向，有方向就有激情。火一样的激情体现的是先进精神，如同目标的灯塔，引领目标航程，指导目标实践，保证目标实现，创新目标发展。人也正是通过一个个人生目标的实现，创造价值，奉献他人、奉献社会。这样的奉献是超越自我的奉献，是先进精神的奉献。

在革命激情燃烧的岁月里，党员的信仰、党性的光芒催生了无数先进精神。长征途中，最悲壮的一仗，是 1934 年 11 月的湘江战役，经此一战，瑞金出发的 10 万红军锐减至 3 万多人。战至最后一刻被俘的红 34 师师长陈树湘，毅然从伤口处掏出肠子，用力绞断，壮烈殉国，年仅 29 岁。陈树湘用悲壮的“断肠精神”注解了信仰的力量和党性的光芒。据统计，在革命战争年代，有 2200 多万英烈慷慨赴死，而有名可查的烈士仅有 370 多万人。“天地英雄气，千秋尚凛然”，正是这些先进精神武装的无名英雄们，用鲜血染红了中华大地，用肩膀擎起了中华人民共和国。

在和平建设年代里，党员的信仰、党性的光芒同样催生了无数先进精神。开国少将甘祖昌，自 1952 年跌伤后，患了严重的脑震荡后遗症，他认为不能再做领导工作了，但手脚还是好的，请求组织批准回江西农村去，为建设社会主义新农村做贡献。“活着就要为国家做事情，做不了大事就做小事，干不了复杂的工作就做简单的工作，决不能无功受禄，决不能不劳而获。”功成而身退，返乡种地 29 年。从农民到将军、又从将军到农民，“理想高于天”的“信仰精神”从未改变。铁人王进喜“宁肯少活 20 年，拼命也要拿下大油田”的高亢呐喊，谱写了催人奋进的“大庆精神”；雷锋平凡如一颗螺丝钉，但用朴实培养的“雷锋精神”却影响着整个国家道德观的成长；林俊德院士在人生里程的“最后一米”，9 次要求起床工作，坚持伏案长达 74 分钟，用执着为荒漠中的“马兰精神”作了完美的演绎！而这些都是我们取之不尽、用之不竭的永恒的精神财富。

在改革开放的年代里，也有无数的英雄儿女们无私奉献，形成了新的时代精神。杨善洲不要分文好处地招商引资，不计报酬地一生投入，不为家庭儿女考虑只想着党的利益、群众的利益，体现了党员干部的“本质精神”。隐姓埋名 50 年的退伍军人李文祥，1948 年参加解放军，9 年的军旅生涯，荣立过特等功、一等功、二等功，并获战斗模范、特等人民功臣称号，还获得了解放奖章。在许多人看来，这些用生命换来的荣誉，是革命的资历，是炫耀的资本，是人生的无形资产。但李文祥却当了50年农民，不管生活如何穷困，从不把奖章示人。直至87岁时，面对河南省委领导的一次偶然家访，一段坚守信仰、无私奉献半个世纪的光辉历史这才浮出水面，一个英雄的传奇终于渐渐彰显。李文祥用老战士的淡定，老党员的淡然，老农民的淡泊，告诉我们：人为什么活着，怎样才能有意义地活着。杨善洲、李文祥所做的一切，也许有些人不会理解，但对党员干部来说，“共产党人除了人民利益之外没有任何特殊利益”是发自内心的铁铸信条。有许多这样的党员，从不拿公家一节电池私用，却把盖好的房子先分给群众；从不向组织上张口要官位、要待遇，却是倾其所有，把钱拿出来支援国家建设；从不会眼睛长在脑门上，对群众吆五喝六，而是走进老百姓柴门，同吃同住同奋斗。为什么会有这样的信条？因为“共产党员”这个称号就足以唤起舍生忘死的勇气。

超越自我，奉献道德良心

私心与公心构成人心。当私心战胜公心，就会表现出，损人利己、损人不利己、损人又损己。当公心压倒私心，就会表现出，损己利人、损己不损人、不损己也不损人。公心其实就是良心，就是超越私心的奉献之心。良心也是智商与情商的表现，智商代表信仰目标，情商代表行为措施，奉献代表结果。高智商与高情商的表现，那就是大公心、大奉献。

“共产党员是特殊材料制成的”，这是革命实践的历史结论。彭湃是我党早期的著名领导人，出生于广东海丰一个大地主家庭。

他信仰马克思主义后，把自己分得的田契亲自送给佃户。佃户不敢要，他就当众将田契全部烧毁，并宣布：“日后自耕自食，不必再交租谷。”

关于“陈毅主义”，金一南在《苦难辉煌》中有这样一段描述：

“他历史上两次被推举代替毛泽东为前委书记。第一次是1928年7月中旬，毛泽东不同意红四军主力按湖南省委的布置去湘南，于是在有湖南省委巡视员杜修经参加的沔渡会议上，陈毅被推选担任前委书记，指挥二十八、二十九两个团去湘南，毛泽东只能以党代表的名义指挥余下的部队。”“第二次是1929年6月22日的红四军七大。这次代表大会上，陈毅被大会选为前委书记，再次取代毛泽东。”“大会前，红四军内部因个人领导和党的领导、前委职权和军委职权等问题发生激烈争论。”“毛泽东提出辞职，前委委员们便决定由陈毅代理书记，且决定召开红四军党的七大，……”“代理书记陈毅日夜工作。在龙岩召开的红四军七大上，他对争论的双方都做了批评和回答，主观上为了维护党内团结，客观上便成了折中平衡，即所谓的‘调和’。这即是毛泽东后来说的‘陈毅主义’”。“争论都是面对面的，一旦背靠背，陈毅绝对不打小报告。他到上海最先见到的中共中央领导是政治局常委李立三，便向李立三如实报告了红四军七大情况。”“按照中央要求，陈毅写了《关于朱德、毛泽东的历史及其状况的报告》《关于朱、毛红军的党务概况报告》等五个书面材料，公正无私地如实反映了红四军各方面的详情，使周恩来、李立三等中央领导者认识到朱、毛的很多经验都是在中国别开生面的，值得向全国推广。最后在周恩来主持下，由陈毅执笔起草中央‘九月来信’，决定‘毛泽东同志应仍为前委书记’，从路线高度肯定了毛泽东的领导。这是一封在中国革命史上占有重要地位的中共中央指示信。陈毅帮助周恩来、李立三等中央领导人认识了红四军，周恩来、李立三也帮助陈毅认识了毛泽东。这是陈毅一生中认识上的一个重大飞跃。”“在上海时，中央认为他与毛泽东的矛盾已很深，有派他去鄂豫皖或广西左右江工作的意向。陈毅考虑之后回答说：还有一件事没有办好，没有把毛泽东请回来，等办好这件事再考虑工作问题。”“陈毅就是从这个时候起，练就了后来照耀其一生的大度与豁达。他表示，毛泽东说的‘陈毅主义’是非无产阶级的东西，自己也要和大家一起打倒这个‘陈毅主义’。”“他先向前委传达‘九月来信’，再和好几位前委委员谈话，一个一个做工作，最后派专人把中央‘九月来信’送去蛟洋给毛泽东看，并附自己一信，请毛泽东尽快回前委工作。”“毛泽东心情舒畅地回来了。陈毅诚恳地向毛泽东当面检讨，并转达了李立三代中共中央对毛泽东的问候。”“毛泽东真切地感受到了陈毅那颗坦荡的心。”

陈毅超越自我，不是物欲的超越，而是精神的超越；不是一般的精神超越，而是面对真理、有进无退的超越。这是立党为公的品质、人格。

“只要人人都能献出一点爱，世界将变成美好的人间。”当年的雷锋是这样，当代的活雷锋郭明义也是这样；当年的焦裕禄是这样，当代的杨善洲也是这样。近年来评选的一系列道德模范，最美教师、最美司机、最美乡村医生、最美基层干部、最美孝心少年，等等，都是超越自我、奉献大爱，都是道德良心最美的演绎，都是把“美好人间”的希望变成了活生生的现实。把群众的利益搞得多多的，把自己的利益搞得少少的，这既是群众观，更是政治观，这样的超越，不是一般的超越，而是根本的超越。

明末清初有本《解人颐》的书，其中有一首嘲讽人的贪得无厌的诗，这样写道：

终日奔波只为饥，方得一饱便思衣。
衣食两般皆具足，又想娇容美貌妻。
娶得美妻生下子，恨无田地少根基。
买到田园多广阔，出入无船少马骑。
槽头扣了骡和马，叹无官职被人欺。
县丞主薄还嫌小，又要朝中挂紫衣。
若要世人心里足，除是南柯一梦西。

私心是生命的一团欲望之火，欲望得不到满足就会痛苦。而只有去除私心，奉献良心，才能得到真正的幸福。

超越情绪，奉献和谐幸福

情绪是一把“双刃剑”，简单理解为“气”的话，有正能量，也有负能量。军人冲锋陷阵需要气性，工作克服困难需要气性；遇事好钻牛角尖缺少气度，有理不会好好说缺少气度。如何把负能量的情绪变成正能量的情绪，这就需要超越。“气是下山的猛虎，得饶人处且饶人”“遇事不钻牛角尖，心也舒坦人也舒坦”“主不可怒而兴师，将不可愠而致战”，无数的名言警句，都在提醒人们超越情绪、控制情绪。其实，情绪也是思维的形式表现，超越情绪，就是把负向的感性情绪上升到理性情绪，从而使正能量的情绪发挥得恰到好处。

有医学研究表明，快乐的情绪甚至可以赶跑癌症。离休教师陶珍老人，年近九旬，依然耳聪目明，精神矍铄，根本看不出她是一个已有 28 年卵巢癌病史的患者。1985 年 6 月，老人被确诊为癌症。面对病魔，她不但没有惊慌失措，反倒劝慰不无焦虑的家人。手术之后，医生说："手术很成功，但是……""我能挺住，你就直说吧！"医生只得如实相告："因为治疗的最佳时期被耽误了，因此，还需要您挺过艰难的几年。"接下来，陶珍一边接受治疗，一边参加一些社会活动。她看到小区内有不少双职工的小孩每逢"三班倒"或"双休日"时无人照料。开始将孩子们叫到自己家里做功课，后来，渐渐发展成了学习小组。她既当老师又当保姆，既教文化知识，又教道德品行，既送学习用具，又送生活用品，星期天还带着孩子们参观纪念馆，外出郊游。她的 50 多平方米住房，就成了孩子们的乐园。说也奇怪，3 年后，陶珍再次去医院复诊，癌细胞居然消失了！陶珍说："得了癌症，最重要的是心态，帮助别人，我就很快乐。每天快快乐乐，死神也会被赶跑。"

在哈佛大学的录取通知书中有这样的明确建议，"走出校园，给自己一个'间隔年'"。招生办主任威廉·费兹西门斯说："这是一个退一步让自己反思的时候，当人们从长期的压力和期望中抽离出来，才会去思考各种个人价值、目标、观点，获取生活所需经验。"小舟在大三的时候，决定过个"间隔年"，去游历世界。可是，家里人不支持、不给钱。他写了一封将近两万字的筹款信，没想到竟然在网上火了，不足半年就筹到 6 万元钱。于是，他一个人去了印度、尼泊尔、巴林、阿联酋、阿富汗等国家。小舟在阿富汗首都喀布尔工作时，有一天突然爆炸声响了，紧接着大家往地下室躲。那一刻，他吓坏了："哇，是不是塔利班冲进来了？我是不是要完蛋了？"后来发现是公司旁边的超市爆炸了。然而，就在那短短的瞬间，在面对死亡、思考生命时，他悟到"原来比死亡更可怕的是，你来到这个世界上跟没来过一样。我一定要做点不一样的事，证明自己活着的价值"。恰在这时，一个国内陌生女孩根据他的筹款信联系到他，说自己也有一个旅行的梦，并表示愿意出钱支持他。小舟由此想到："是不是可以成立一个追梦网站，让那些有想法、有行动力的年轻人，在网上发布自己梦想的项目，然后通过借力方式，帮助他们创造最想要的自己？"于是他提前四个月结束了"间隔年"，回国做了自己最想做的事。"追梦网"成立至今，已经为超过 800 个项目筹集了 1000 多万元资金。

懂得超越自我的道理不是目的，做到超越自我才是根本。怎样才能做到超越自我呢？

首先要学会修养。超越自我，甚至生命，这种奉献的精神，不是先天的素质，而是后天的修养。共产党员有《论共产党员的修养》，百姓大众有自己的道德修养、信仰修养，一切行为都是修养的成果。修，有整治、锻炼、提高、完善的意思；养，有养成、培养、涵养的意思，学会修养，是超越自我的基础。人的生活丰富多变，原因是生活是一个空间，空间的上上下下存有无数个缝隙，成功或失败都是在看不见的缝隙里形成的。要想超越自我成功地运行在缝隙里，就要学会修养，既要修养道德，又要锤炼信仰，还要提高情商智商，保障成功。比如，公务员对待个人进步的思维，有的人是相信组织、相信群众，以一种"抱有希望没希望，不抱希望有希望，顺其自然"的平常心对待；而有的人则是以一种“一要二比三争四抢”的态度对待，以为这是“最好”，其实既背离了“最好是好的敌人”的原则，更违背了组织原则，在进步的路上越滑越远。当个人进步后，有的人认为是个人主观努力的结果；有的则认为是主观努力和客观助力的结果，他们的思维是，群众是伟大的，领导是关键的，机遇是难得的，朋友是宝贵的，家庭是温馨的，自己是无所谓的。相信有这样思维修养的人，在进步的路上还会再超越。

其次要学会舍得。超越自我，舍得首当其冲。这种舍得奉献精神，不以“心为形设”“不以物累”，而应该“随缘应物，岸到舍舟”。“舍得”二字拆开了看是舍和得，舍在前，得在后，有舍才有得。命运就是这样，从谁手中拿走一些，就会以另外方式还给谁一些，得与失总是在不断交替。没有人绝对幸运，也没有人绝对不幸。现实生活中，谁舍弃了灯红酒绿，谁就得到了淡泊宁静；谁舍弃了人群中的熙攘纷扰，谁就得到了自我世界的恬美闲适。舍得有度者则胜，贪欲膨胀者必亡，而这，也被历史无数次地证明了。比如秦始皇，他的贪欲极度膨胀，大肆挥霍天下财富，压榨民脂民膏，民不堪命。他幻想子孙万代都做皇帝，结果却“二世而亡”。又如唐太宗，充分吸取隋亡教训，认为为君之道，必须先存百姓；若损百姓以奉其身，犹割股以啖腹，腹饱而身毙；人君赋敛不已，百姓既毙，其君亦亡。于是，他将自己的欲望控制在一定范围内，不发展成为贪欲。在这种思想主导下，出现了历史上著名的“贞观之治”。

最后要学会规划。超越自我，规划目标，是关键环节，具有基础性作用。规划是设计、是计划、是安排，目标是方向、是希望、是驱动力。超越自我，需要学会规划人生的目标。规划目标的核心是讲实际、讲适合、讲可行，要既远大而又实际，既应变化而又调整，既累小而又积大，一步步地成功超越，一点点地实现成功奉献。《三国演义》中的刘备顾念手足之情，为关羽、张飞报仇，忘了大目标而兴兵伐吴，结果是被火烧连营七百里，蜀国从此一蹶不振，留给后人无尽的遗憾和深思：战略性目标胜利才是根本性的胜利，战略性目标的失败是根本性的失败。规划目标的目的是讲实现、讲实用、讲实效。“确定目标”“制订计划”是现代科学管理的前提，比较偏于静态，而指挥行动、跟踪变化、调整关系则完全是处于动态。静态与动态恰到好处地结合，是实现超越的平台，也是超越智慧的实际体现。对于高远的人生目标，当我们无法直接实现时，不妨也给目标一个斜坡，一个缓冲的坡度、缓冲的时间、缓冲的距离。在这个缓冲的过程中，不断在脚下“垒土”，打牢基础，垫高实现目标的能力，直到实现目标高度。同时，又为超越目标、实现下一个目标出发、前进。永远把目标落在实现上、实用上、实效上，超越才是科学的、智慧的、有价值的。

18. 靠品德凝聚人——魅力

道德常常能填补智慧的缺陷，而智慧却永远填补不了道德的缺陷。

品德魅力是人生立信的基础

品德，是一个人的品格德行、品质道德。高尚品德，是一个人体现的伟大人格，是一种充满吸引力、迷惑力的人格魅力。

人格魅力，是一个人在性格、气质、能力、道德品质等方面具有的能特别吸引人的力量。在社会生活中，一个人能受到别人的欢迎、容纳，实际上就具备了一定的人格；如果还能受到别人的尊敬、爱戴，实际上就具备了一定的凝聚力，也就是人格魅力，亦称品德魅力。公道正派、和善友好；诚信守誉，大公无私；严于律己，宽以待人；克己奉公，高风亮节；鞠躬尽瘁，死而后已；守正持节，威严不足以易其位，重利不足以变其心；善解人意，助人为乐；襟怀坦白，高情远致；等等，都是品德魅力的表现。那么，品德魅力为什么能够凝聚人？

这是个见仁见智的问题，但还是可以找到许多共识的。比如，品德魅力在于是向心之力，而不是外在压力，这种内核的力量，不可阻挡，不可估量，是一种真心之力。又如，品德魅力在于是甘心之力，而不是图回报，有企图，这种自觉的力量，甘愿付出，主动奉献，是一种真意之力。再如，品德魅力在于是情心之力，而不是强拉硬拽，这种感情的力量，不讲利益，不讲交换，是一种真情之力。真心、真意、真情的力量，是人世间最大的力量、永远的力量，是最令人信服的力量、魅力的力量。

品德，是一束光，照亮人心；是一种力，凝聚人心；是一种模式，惯常人心。惯常成自然，模式成力量。“全世界的黑暗，都挡不住一根蜡烛的光明”。靠品德凝聚人，靠的是品德之光无尽、人格魅力无穷、真善美大行天下。靠品德凝聚人，会有永远的朋友。

品德是凝聚人的“魂”

所谓魂，即精神或思想。中华文化蕴含着丰富的道德精神思想。比如，讲仁爱、重民本、守诚信、崇正义、尚和合、求大同，它告诉人们什么是真善美，什么是假恶丑。比如，“修身、齐家、治国、平天下”，它要求人们，真善美的必须肯定和赞扬，假恶丑的必须反对和否定。

“焦裕禄精神”可称为中国当代真善美的光辉典范。焦裕禄的生活品格是，严格要求自己和家人。身为县官，不贪不沾，生活贫苦，朴素极致。他的孩子被别人领进剧院看电影、看戏，他就让孩子补交票款。身为县官，他的衣服破了自己补。工作那么多年，不仅没有奉养老人，相反，回家探望多年不见的老母亲还借了 300 元。他省吃俭用，用节省下来的钱还了 100 元，后来因病住院，两个月后去世，去世时还欠 200 元。焦裕禄的利他品格是无比关切人民生活。他访贫问苦，对无衣无食者、有病者、危难者，尽全力予以救济，排忧解难。焦裕禄的执政品格是，对待工作担当负责，对待事业全心奉献。身为兰考县委书记，誓为解除风沙、内涝、盐碱“三害”鞠躬尽瘁，死而后已。可以说，“为人民服务”的品格是焦裕禄的“魂”，也是共产党员领导干部凝聚人民群众的“魂”。

品德是凝聚人的“心”

所谓心，即体征之心或事物核心。心主动机，代表价值观。

当年郑和下西洋，“带领 62 艘战船、28000 人，向海外浩浩荡荡地驶去。这是人类史上第一次伟大的环球航海，所不同的是，农耕文明崇尚的和平精神使郑和未曾想到将他所走过的地方变成殖民地。那时的中国不但可以自给自足，还可以救济他人。然而，这种精神并未得到世界的广泛认同。世界精神已经被以侵略为主要特征的海洋文化所主导，它表现为急功近利的社会进化主义”。“与此相应的是，在郑和下西洋两百多年之前，从中国北方草原上，一支铁骑顺着丝绸之路向中亚和西亚挺进。”“这就是成吉思汗的蒙元帝国。这一次，战争将中国的文明传播向世界，四大发明在一定意义上催生了欧洲文艺复兴和世界地理大发现。”“三千年来，来自北方和西方的野蛮文明始终在不断地侵略着中国这片文明的沃土，然后又融入其中。最重要的原因在于，人类始终在追求以农耕文明所代表的稳定、和平、友爱、包容、永恒的正面价值，所以，即使野蛮的力量暂时战胜文明的力量，但最后那些野蛮也被文明所化解。这是人类文明的轮回，也是人性的心理需要。”[①] 应该说，这是中华民族优秀品德主导、凝聚人心力量的伟大成果。相信，过去是这样，今后仍是这样。

品德是凝聚人的“力”

所谓力，即力量。有人说，品德属于软实力，没有直接力。其实这是一个误解。品德的发力点是思想动机，力在源头；品德的着力点是具体行为，力在结果。应该说品德的力量既硬实又直接。

项羽兵败，自刎乌江。刘邦携项羽人头北伐鲁国，大兵压境到城门前，当时的鲁国为楚霸王所封，鲁王忠于项羽，拒不投降，刘邦下令攻城。恰在此时，城内传来朗朗的读书声，孔子后人及学子正教学诗书礼仪，一副视死如归“效死而民弗去”的景象。刘邦及其将士不觉为其感染。这时有大臣进谏，鲁国乃是礼仪之邦，儒家文化发源地，万不可屠城，其不降更能说明鲁国忠于先主，实乃可嘉可敬。于是刘邦再次派谋士携项羽人头，细述项羽已亡，天下已定，刘邦乃如今天子，其宅心仁厚，愿以仁政安抚四海黎民，于是鲁国开门投降。从表面看，鲁王愿为项羽而死，可细细品之，却是愿为仁政而死，因为最终打动鲁王心的不是刘邦本人，而是仁政二字。可见仁政之德感化人心的力量。

据报道，2016 年 1 月 24 日，在湖北建始县三里乡大沙河村，万芳权接过父亲手中的船桨，将祖上传下来的“义渡”承诺继续下去。1877 年，万其珍的爷爷万作柱为躲兵赋，从监利县举家迁到了建始县大沙河村。当地百姓不但不排斥他们是外乡人，还为他们提供了很

① 徐兆寿.点燃中华文明的香火［N］.中国剪报，2016-01-01.

多帮助，这让全家人十分感动。万作柱眼见村民们每天去河对岸的农田十分不便，为报邻里关爱之恩，他变卖家当，做了一条船，送村民过河，并承诺不收一文钱。就这样，从万作柱到万芳权，一家四代人在长达 120 多年的时间里，为村民们免费摆渡。周围的村民都表示，要是没有万家免费摆渡，“日子真不知道该怎么过啊”！[①]“百年义渡”的坚持，彰显了中华品德凝心聚力的力量，彰显了优秀品德代代传承的力量，彰显了划时代真善美的力量。

讲品德、靠品德的关键是践行品德。

自己和自己讲品德——律己

要求别人做到的，自己应该首先做到，这是以德律己的意义所在。律己是自己和自己讲品德的起点，也是终点，是过程，也是结果。

首先，律己要自明。“人无德不立”。我们每个人每天都处于社会千丝万缕的联系中，离不开“我为人人，人人为我”的生活环境，离不开处理相互关系的种种道德规范。如果不讲道德，不仅自己难以立身社会，而且还会损害别人利益、损害社会秩序和社会风尚。所以，老子教诲我们“做一天人就要讲一天道德”；孔子教诲我们修身以教、“修己以安人”“修己以安百姓”。这既是做人讲品德、做事讲公德、做官讲官德的道理，也是“正人先正己”的道理，更是实现理想人格的道理。“国无德不兴”，作为国家，既要明国家的德、社会的德，也要明个人的德。“大学之道，在明明德，在亲民，在止于善”。其实，德就是核心价值观。历史证明，一个民族、一个国家没有共同的

① 王建锋，谭桂林. 百年义渡［N］.中国剪报，2016-01-30.

核心价值观就无法前进。价值观念是时代的产物。中国古代对核心价值观的认识是，国有四维，礼义廉耻，“四维不张，国乃灭亡”。当代中国社会主义核心价值观也体现了三个层面：富强、民主、文明、和谐是国家层面的价值目标，自由、平等、公正、法治是社会层面的价值取向，爱国、敬业、诚信、友善是公民个人层面的价值准则。这三个层面充分体现了时代精神。想明白了，就能走对了，就能走下去。

其次，律己要自立。立德、立功、立言，是中国古代“三不朽”的格言。然而，立功有际遇，立言有条件，只有立德，不为际遇条件所限。中国人最看重“立德”。人无德不“活”，德是魂，无德虽活犹死。“德者本也。”蔡元培说：“若无德，则虽体魄智力发达，适足助其为恶。”显然，德是首要、是方向。比如，落实德才兼备的选人用人标准，有的单位把这一标准具体化为：“有德有才，破格使用；有德少才，培养使用；有才少德，限制使用；无德无才，基本不用。”看来，立德靠自立，自立靠律己。立德，既要立大德、养大德成大业；又要修好公德、私德，学会自律。一个人只有明大德、守公德、严私德，其才华方能展示正能量，用得其所。人无德不“新”，“苟日新，日日新，又日新”，日新其德，不间断地革除旧思想旧习气，方能达到至善。“见善则迁，有过则改”，从做好小事、管好小节开始起步，从知行合一上做好实功，不坐论，不空谈，加强修养，注重实践，久久为功。

最后，律己要自和。“和为贵”，因为“和则一，一则多力，多力则强，强则胜物”，因为“争则乱，乱则离，离则弱，弱则不能胜物”。“和为贵”又贵为自和。因为，自我和谐才能与人和谐、与人“和而不同”。比如，对待人情，应该先于承认“迎情而上”，后于善对不“躲”不“拖”。因为相信“向情向不了理”“千古胜负在于理”是“人间正道”，情大理更大，原则胜过人情。扩而大之，对待和平也应该以自和为基础。当今世界，那些战火纷飞的地区，剑拔弩张的地方，就是深受“自我不和”之苦。如若赢得世界和平，正像世界诺贝尔奖获得者在巴黎集会上的宣言：“人类如欲生存于21世纪，须向2500余年之前的孔夫子寻求智慧。”

自己和他人讲品德——律人

律人，就是以品德为标尺衡量人、要求人、对待人。品德，是人与人交往的底线；是“人以群分”的底线；是人追求物质名利不可突破的底线。有句话说得好，“学术无良心是道德的毁灭，政治无道德是社会的毁灭”。不论是思想的还是物质的，不论是现有的还是正在研发的，都须以道德标准为第一尺度，以生命安全为衡量底线。这样，社会发展才能崇德向善，风清气正，才能人身安全，稳定和谐。

以德识人，这是自己和他人讲道德的基础。道德原则就像道路交通的“红绿灯”，真、善、美“绿灯”行，假、恶、丑“红灯”停，这“停”包括教育、惩戒，等等。比如，“家族腐败”利益链，利用亲情、爱情、友情的感情关系，合伙作案，贪赃枉法，最终不仅砸了自己的脚，而且砸了全家的脚，身败名裂，倾家荡产。“情是原则的最大敌人”。

以德处人，这是自己和他人讲道德的要求。良好的人际关系取决于良好的品德。比如讲诚信。诚信是一切德行的基础。“凡人所以立身行己，应事接物，莫大乎诚敬。”“信，诚也；诚，信也。”宋太宗赵光义选用人才时常问年龄，年纪轻的往往遣回不用。寇准当时19岁就中了进士，有人出主意增报年龄。寇准不听，说：“吾初进取，可欺君耶？”宋真宗时期，有个14岁的少年叫晏殊，因少有文名，被人推荐给朝廷。正值宋真宗御试进士，出考试题目让晏殊做，晏殊看了题目后说：“这个题目我十天前做过，草稿还在，请陛下另出题目吧。”寇准、晏殊不自欺、不虚妄诚实做人的品格，赢得了信任，建立了信誉。“不精不诚，不能动人。”诸葛亮七擒孟获，终于使孟获心悦诚服，化解了汉族与少数民族长期积存的矛盾，便是例证。今天，诚信仍然是实现团结、和谐的力量。比如讲宽厚。即忠恕之道，属大德，应该终身奉行。“有容，德乃大。”“宽则得众。”范仲淹的次子范纯仁说：“我生平所学，唯得忠恕二字，一生受用不尽。”并告诫后人说：“人虽至愚，责人则明；虽有聪明，恕己之昏。尔曹但常以责人之心责己，恕己之心恕人，不患不到圣贤地位也。”这是“己所不欲，勿施于人”、严于律己、宽以待人的处世态度。“不排毁以取进，不刻人以自人”，说的是靠诋毁别人谋取自己晋升，靠攻击别人攀上高位，这是卑鄙的小人行径。“不乘人于利，不迫人于险”，说的是在别人幸运的时候，借其有利地位达到自己的目的，别人倒霉的时候，又乘人之危，要挟别人达到自己的目的。对此行为要警惕、要揭露。宽厚，要做到尊重别人为前提，实事求是为根本，坚持原则为其道，批判斗争为教改，更要做到“你愿人怎样待你，你就先怎样待人”，这是宽厚处人的修养之道。比如讲谦让。谦让是高德。“劳谦虚己，则附之者众，骄慢倨傲，则去之者多”，说的是谦虚待人，愿意和他亲近的人自然就多，盛气凌人，原本和他亲近的人也会离他而去。“自谦则人愈服，自夸则人必疑”，说的是谦虚待人则能使人信任、信服，自傲待人就会令人质疑反感。其实，谦讲的是“满招损，谦受益”的道理，“让”讲的是“退一步海阔天空”的道理。但是，谦让要讲原则。“让，懿行也，过则为足恭，为曲谨，多出机心”，说的就是对过谦、虚情这种有“心机”表现的人要多加小心。清朝康熙年间发生的“六尺巷”故事，讲的是张英不以权势压人，而是“让他三尺又何妨”的谦让态度解决矛盾，取得良好的效果。“负荆请罪”的故事，讲的是蔺相如为了赵国的利益，谦让廉颇的寻衅羞辱，终于使廉颇感悟，维护了将相的团结，保卫了赵国的安全。古人之举，今人榜样。不以地位骄人，不以才学骄人，不以财富骄人，才是谦让之德化于内、行于外的实践。

以德交人，这是自己和他人讲道德的准则。交人即交友。生活中，既需要家庭的亲情，又需要朋友的友谊。友谊，可以把人的心灵结合，分担痛苦，共享欢乐。没有友谊，人将终身孤独。因此，交友是人生要事，少不了，缺不得。

首先，交友要择友。交人可以选择，处人无法选择，这是二者最大的区别。选择需要标准，以德交友，谓其“同道”的君子之交；以利交友，谓其“同利”的小人之交。欧阳修在《朋党论》中说，君子之交，相益共济，始终如一。小人之交，见利争先，利尽交疏，不“踏上一只脚”就算好的了。

其次，交友要爱友。爱是无罪的，但溺爱是毒药，错位的爱则是毁灭。所以，爱友要有道。如以德经营爱，就是以爱育爱，或许成为肝胆相照的“畏友”（诤友）——“道义相砥，过失相规”；或许成为友情深厚的“密友”——“缓急可供，生死可托”。如以利经营爱，就是以利育利，或许成为酒肉朋友的“昵友”——“甘言如饴，游戏征逐”；或许成为小人之交的“贼友”——“利则相攘，患则相倾”。所以，爱友以德，大爱靠德。

再次，交友要慎友。慎交友关乎成败。古人说，“相友可知人”“习俗染人”，说的是看到你的朋友就知道你的为人；朋友好坏可以互相影响，交了好朋友可能带来好局面，交了坏朋友可能带来坏局面。所以，“一生成败，皆关乎朋友之贤否，不可不慎也”。慎择友影响人生。古人说“择友如求师”，说的是选择像老师一样的朋友，可以“教”你事业成功。所以，择志趣远大的人为友是人生第一要事。“凡做好人，做好官，做名将，俱要好师好友好榜样。”慎处友决定友情。“人生得一知己足矣”，说的是知己重要、知己难求。“其实一个人一生只能有一个朋友，而这还是很少的人所能有的福气。”罗曼·罗兰的话可能有些绝对化，但知己朋友难求却是事实。所以，“求友贵专一”“交友最要审慎”。比如，知己朋友宁缺毋滥；诤友无蹶，有雅量，给面子，不能让朋友下不来台；“与人为善”是不树敌的第一妙招，“取人为善”是完善自己的绝好药方；相交不成，勿使为仇；以宽严相济之态，待以怨报德之人；等等。总之，朋友重要，朋友慎要；自己更重要，自己更慎要。

自己和社会讲品德——律事

律事泛指处理矛盾。社会充满了矛盾，处理矛盾是常态。处理矛盾的大原则、大方法、大程序，无外乎道德、纪律、法律，其中道德居于第一位。因为，道德是行为的起因动念。如果动念讲道德，行为就会守道德，结果也就会好。如果动念不以德为要求，其不好的行为结果，除了受到道德的处理外，还将接受纪律、法律的处理。所以，在处理社会矛盾的时候，自己要和社会讲道德，以德律事，以德为则，处理矛盾，公正待人。

在物欲横流面前管不住自己，道德底线就会受到挑战。一些腐败案件的表征是权、钱、色的交易，其根源是贪。贪权、贪钱、贪色，冲击了道德原则，必将受到纪律、法律的制裁。如果一事当前，以德为律，操守“见欲而止”，践行“行已有耻”，就会“立德”修身。所以，品德修养是每个人在社会生活中必备的第一原则。

《中国税务报》曾报道，江苏省常州市国家税务局近年来以道德力量催生发展硕果。其中包涵了尚德、行德、成德。比如，尚德。2011 年以来把社会主义核心价值体系融入税收工作的各个领域，摸索形成了易进、易学、易行的“5 + N”税收道德讲堂模式。又如，行德。为了便利纳税人，“在全省率先试点国地税联合办税模式”；为了执法为民，“将税收管理事项转化为纳税服务和税收执法两个基本类别，逐渐形成‘一体化’的纳税服务和‘一条龙’的风险管理模式”；出台了《税收职责清单》《税务行政审批事项目录清单》；成功研发了涵盖 71 个重点权力事项的个人重大事项报告系统，实现了个人重大事项报告的动态管理。再如，成德。树立了 8 年如一日提供 8 小时以外纳税服务的陈金平、12 年捐资助学的谢腊清、30 年关怀耄耋孤老的刘建雪等模范典型；实施了党员进老区、万人帮万户和“百千万”帮扶工程；“热心投身社会志愿服务，成立了青年志愿者服务队”；等等。常州市国家税务局近年先后荣获了市、省、国家一级的各项荣誉。常州市国税人深深感悟到：德兴、人兴、业亦兴。

德贯古今，德在修为。人格品德的魅力大焉！

19. 靠制度管理人——给力

人类的一切活动都与制度有关。制度的公平力＋公平的执行力＝制度的给力。

制度给力是人生立信的核心

制度，《辞海》释义：一是要求大家共同遵守的、按一定程序办事的规程或行为准则；二是在一定历史条件下形成的政治、经济、文化等方面的体系，如社会主义制度等。俗称第一种情况为“小”制度，第二种情况为“大”制度。以下所谈泛指“小”制度。简单说，“小”制度就是办事规程、行为规范。从这个意义上说，制度给力，就是制度给劲、带劲、力挺、支持。制度的作用，在于明确分工，奖勤罚懒，惩恶扬善，维护公平，在于把人类的一切活动都纳入制度的规定。其实，道德本身也是由一系列不成文的制度构成的，道德水平下降即意味着道德作为制度安排对人们的约束能力的下降。邓小平说，“制度好可以使坏人无法任意横行，制度不好可以使好人无法充分做好事，甚至会走向反面”。

制度给力，在于制度是办事的规程和行为的规范，属于规则之治，在于制度是法律属性的他律，属于法治范畴。其实，制度给力根本在于制度“姓公”——公平、公正、公开；制度“名正”——讲规程、讲透明、讲平等。

靠制度管理人，就是公开制度规程，规范行为，仲裁行为；公开制度权力，责任到位，防止“寻租”；公平制度执行，平等待人，防止“变通”，努力实现以人为本、以能为本的制度管理。

制度建设是根本性建设。靠制度管理人，应该做到一认、二建、三行、四监。

认识制度的作用

制度具有指导性。制度的要件是办事规程或行为准则。制度的目的，是通过规定办事的一定程序、“共同遵守的”要求指引行为，导向行为。比如，单位规定早晨8点上班，这就是制度指导行为的准则，其导向是不迟到是应尽的责任，对早来的并做一些打扫卫生等公益性工作的人，应该给予表扬鼓励。有一个故事：在很早以前，欧洲某国政府为了向大洋彼岸新开发之地运送奴隶，便和“海盗”船主签订制度，规定按出发时上船的奴隶人数支付运费。海盗为了赚钱，一路上想尽办法折磨奴隶，早死一个就节约不少吃喝成本。这样到达目的地的奴隶越来越少。后来政府改为按到达目的地的奴隶数支付运费，扭转了“亏本”的局面。“制度好可以使坏人无法任意横行，制度不好可以使好人无法充分做好事。”“制度建设更具有根本性、全局性、稳定性和长期性。”

制度具有保护性。制度最显著的品质是公正。因此，制度从开始制定到最终落实的全过程要追求公正、实现公正、保护公正。公正是制度的“姓名”，意即公平正直，没有偏私。因为，公正强调的是价值取向，而且是价值取向的正当性。公正强调的是机会公平、过程公平和分配结果公平，也就是说，凡是参与经济、政治等各项社会生活的对象，不分“高低贵贱”，一律平等、公正无私。公正强调的是，明辨是非对错一个标准，保证奖惩分明一视同仁。所以制度是人心与社会的“稳定器”，是人权与尊严的“保护伞”，是社会正能量的“促进剂”。总之，制度能起到为实现“以人为本”和“以能为本”的保驾护航作用。比如，为了实现教育的公平，有人建言改革教育制度，把原来小学到高中的 12 年“一贯制”改为 10 年“一贯制”。理由是原来的 12 年中，有一年半时间是为了应试小升初、初升高、高升大的复习准备时间。这种制度既浪费时间，又加重学生负担，因此，还建议小学到高中 10 年“一贯制”中不再实行升学考试。如果实施这样的制度，可以给学生更多自由时间，完成其兴趣学习，可以不再用“学区房”等措施公平教育资源，可以改善青少年心理健康成长的路径。事实说明，制度改革是根本性改革，制度保护是根本性保护。

制度具有法治性。《元照英美法词典》就法治一词所做的解释称：与人治相对，与“以法而治”相区别，与前者的区别在于法治是以法律而非个人的意志决定政策的依据；与后者的区别在于法律已被视作为一个价值取向而不仅仅是一种治理的工具。法治一词中的“治”是指统治，而依法治国这个词语中的“治”是指治理。”[①] 按照法治要素衡量，制度符合法治要求。比如，决定依据，法治强调以

① 魏耀荣. 什么是法治［J］. 炎黄春秋，2013（12）.

法律而非个人意志，而制度强调以规程要求“大家共同遵守”，也非个人意志。比如，基础作用，法律与制度都被视为是一种价值取向，而不仅仅是一种治理工具。比如，价值取向，法律与制度都取向公正，因为公正是一种价值判断，内含一定的价值标准，在常规的情况下，这一标准便是当时的法律。比如，基本性质，法律与制度同是具有强制性的他律。应该承认，制度与法律还存在许多不同，但制度的法治性清楚而明晰。哈尔滨工业大学的校训定为：“规格严格，功夫到家。”简约理解，“规格”相当于“实体正义”，没有规格不行；“严格”相当于“程序正义”，有了规格不严格不行；“功夫到家”相当于结果正义，光有功夫不行，要有到家的功夫才行。校训虽然不是制度，但校训追求的“行为准则”与制度法治性质异曲同工。世界银行每年发布的《国别财富报告》认为，法治的重要性对于一个国家或地区经济的发展最为突出。世界银行的研究结果表明，法治程度可决定一个国家 57% 的无形资产价值。[①] 所以，良好的法治环境被认为既是直接创造财富的生产力，又是核心竞争力。

建立健全相关制度

“不以规矩，不能成方圆”。制度如同规矩。社会生活没有制度就不能“方圆”，有了制度才会“方圆”有序，运转给力。因此，建立健全制度是基础、是前提、是关键。正像“洛伯定理”说的那样，“要想让员工在你不在场的时候知道该怎样做，就必须建立切实可行的制度和规程，并把责任落实在每个员工的身上”。

① 卿立新. 以良好法治环境护航科学发展［J］. 人民论坛，2010-6-17.

制度建设是根本性建设，应该以推进国家治理体系和治理能力现代化为目的，应该以内容全面协调、程序合理严密、措施配套完备、效果实用管用为要求，应该以实事求是、符合实际、简易透明、公正有效为原则，等等。实用管用，好比制度建设的“魂”。因为，制度是规范行为的准则，是管人管事管权的笼子，而不是供人欣赏的鲜花，更不是挂在墙上的摆设。简易透明，好比制度建设的“关”。“过关”通行顺利，“管用”目标在望。因为，“简”则易于遵循、易于少定多创，正像英国教育家洛克提出的“洛克忠告”那样，“少定规定会给员工们以较大的个人发展空间，使其在工作中充分发挥积极性和创造性，从而提高企业的产出效率”。“明”则透明公开，制定制度时公开征求意见，执行制度时置于阳光之下，享受的是透明度，收获的是公正感。

邓小平在《党和国家领导制度的改革》中有这样的论述：

“党和国家现行的一些具体制度中，还存在不少的弊端，妨碍甚至严重妨碍社会主义优越性的发挥。”“从党和国家的领导制度、干部制度方面来说，主要的弊端就是官僚主义现象，权力过分集中的现象，家长制现象，干部领导职务终身制现象和形形色色的特权现象。”“我们过去发生的各种错误，固然与某些领导人的思想、作风有关，但是组织制度、工作制度方面的问题更重要。这些方面的制度好可以使坏人无法任意横行，制度不好可以使好人无法充分做好事，甚至会走向反面。即使像毛泽东同志这样伟大的人物，也受到一些不好的制度的严重影响，以至对党对国家对他个人都造成了很大的不幸。我们今天再不健全社会主义制度，人们就会说，为什么资本主义制度所能解决的一些问题，社会主义制度反而不能解决呢？这种比较方法虽然不全面，但是我们不能因此而不加以重视。”“不是说个人没有责任，而是说领导制度、组织制度问题更带有根本性、全局性、稳定性和长期性。这种制度问题，关系到党和国家是否改变颜色，必须引起全党的高度重视。”

严格执行、有效践行制度

制度的生命力在于执行。严格执行制度是成功的保证，有效践行制度是“好、坏”的验证。如果已定的制度得不到严格执行，那就会比没有制度还差。“行”在于“知”，“知”在于“识”。这个“识”就是树立严格执行的意识，任何人面对制度没有特权，没有例外，“严则必行”，尤其是领导应该带头严格执行，让“没有特例”在践行中得到验证。这个“识”就是培养严格执行的好习惯，替代“变通”执行的坏习惯。习惯的力量令人折服。研究结果表明，3 周以上的重复会养成习惯，3 个月以上的重复会形成稳定的习惯。研究结果还表明，习惯大多是后天养成的。“习惯若不是最好的仆人，便是最差的主人。”所以，如果把“严格执行”制度培养成大多数人的习惯，尤其是培养成思维习惯，那将成为正能量，成为文明力量。

齐白石自己规定了“卖画例”。“卖画例：无论何人，不赊欠，不退回。少一文钱不卖。招饮不画，送礼物不画，介绍不酬谢。刻印亦然。”卖画例就是“卖画的条例”，即卖画的规矩。这个规矩的特点，一是简明，“一共五行，三十七个字”“全在‘明面儿’上，一眼能见到底，不搞那些摸不着底的‘潜规则’”。二是公正，无论什么样的客户一律公平交易：你少一文钱我不画给你；不赊欠；交了钱，不要画了，钱也不退回；对中间介绍人，我不付中介好处费。三是严格，他对自己规定：你请客招待我喝酒吃饭，我不画；你送礼物给我，我不画；刻图章也是按这个规矩。

有这样一个故事：七个和尚共同生活，每天要分食一锅粥，开始大家相互谦让，时间长了发现结果每天的粥都是不够分的的，大家也不好相处了。怎么办？建立制度解决问题。他们实验了很多方法：选举一个品德高尚的人来分，可时间一长，强权就会产生腐败，大家开始贿赂他，搞得整个小团体乌烟瘴气；大家轮流分粥，这样等于默认分粥的人可以为自己多分一些，导致资源浪费；成立三人的分粥委员会和四人的监督委员会，互相攻击扯皮下来，又发现效率低下……粥吃到嘴里全是凉的。最后，最简洁、高效、公平的制度终于产生了：每人轮流分粥，但分粥的人必须等别人都拿完粥之后，他才能拿自己的那一份。如果他分得不均匀，毫无疑问，最少的那份肯定是他自己的。大家快快乐乐，和和气气，日子越过越好。按照“大家先挑、掌勺者后挑”的规则、程序进行分配，避免了“掌勺者自肥”或“掌勺者寻租”现象的发生，保证了分粥的公平公正。

严格监查、督行制度

制度执行离不开监督，监督是执行力的保证。专门监督、舆论监督、群众监督等已成为有效的体制和方式，应该坚持、总结和完善，让监督像“探头”一样守护着制度的执行。

“一辈子”监督。法治不是一阵子，而是一辈子。一辈子把一件件简单的事情依照制度规定办好，就是不简单；把一天天平凡的事情依照制度规定做好，就是不平凡。做人一辈子都要以制度规定为准则，做到、做好一个“防”字：预防、防备、防微杜渐。做到、做好一个“守”字：坚守、防守、守住底线。锤炼法治素养，体现人生价值。这就是监督的责任，也是监督的功夫。

“一把尺”监督。为尺可量短长。做事都要用制度规定“一把尺”量一量是短是长还是正好，千万不能打折扣、不能心存侥幸、不能下不为例，确保做到严格、严厉、严肃，一丝不苟、毫不犹豫，确保每一件事都按照制度规定“一把尺”的要求，做实做好做到家。“做到家”的意思，不仅要“做”，而且要“创”，使制度规定“一把尺”在“做”的过程中，与时俱进、精准完善，创新发展、固本培元。这是监督的方法，也是监督的原则。

“一把手”监督。“一把手”既有主体责任又有监督责任。“一把手”带头执行制度，就是履行主体责任，“一把手”带头监察、督行制度，就是履行监督责任。“一把手”的榜样力量在于行胜于言，在于“榜样是看得见的哲理”。也就是说，“一把手”的监督在于做好执行制度的榜样，做好执行制度的监察。“一把手”监督，要克服“政绩焦虑症”，敬畏制度、秉持制度、循守制度，别停留在“闯红灯”的惯性思维，别让后任给你“擦屁股”；要克服“花架症”，做到实施有细则、监督有标准、问责有依据；要克服“急躁症”，遵守制度规定，执行法定程序。“一把手”监督，要在“察”上下功夫。既“察”坏的，更“察”好的，彻底转变“察”出坏的才有成绩、“察”出好的没有成绩的错误观念，树立“察”后的好典型，带动社会新风尚，惩罚“察”后的坏典型，创造公正的好环境。“一把手”监督，是履职，也是关键。

第二次世界大战期间，美国空军降落伞的合格率为 99.9%，这就意味着从概率上来说，每1000个跳伞的士兵中会有一个因为降落伞不合格而丧命。军方要求厂家必须让合格率达到100%才行。厂家负责人说他们竭尽全力了，99.9%已是极限，除非出现奇迹。于是军方就改变了检查制度，每次交货时从降落伞中随机挑出几个，让厂家负责人亲自跳伞检测。从此，奇迹出现了，降落伞的合格率达到了100%。

梳理全国税务系统队伍建设的历程不难发现，他们走过的路就是“制度化”。1985年财政部税务总局提出并践行了“建立三个体系，建设一支队伍”（税收理论体系、税制体系、征管体系，革命化、年轻化、知识化、专业化税务干部队伍）的制度建设的新思想。1988年国家税务局试行了“税务系统与地方政府双重领导，以系统垂直领导为主”的新制度。1994年国家税务总局实行了省以下分设国家税务局、地方税务局两套机构，各级国家税务局和各级地方税务局分别实行由中央和省垂直领导新制度。1994年随着最广泛、最深刻的税制改革到位，国家税务总局提出并践行了“工作重心转移到征管、转移到基层”的队伍建设新举措。1998年以来，国家税务总局先后推行了“加强三个建设，实行两权监督”（领导班子建设、基层建设、党风廉政建设，税收执法权、行政管理权监督）；实行税收执法责任制（以统一的岗位职责和工作规程为基础，以信息技术为支撑，监控与考核税收执法行为全过程）；实行处级、副司级干部竞争上岗制度；实行司处级干部异地交流制度（系统上下、内外交叉挂职、任职）；实行领军人才管理制度；实行绩效考核管理制度；等等，使税务系统队伍建设工作不断取得新进展。据不完整的记忆，税务系统干部人事制度的改革，按照中央培养、选拔、管理、使用、监督等要求，始终走在国家机关序列中先行先试的前列，得到人事部、中组部的肯定、表彰。

20 世纪 90 年代初期，国家税务局机关的司级干部选拔任用，在任命制的基础上，改革为“十步程序”，俗称“过十关”，大致包括领导动员、民主推荐、民主测评、民主考察、个别谈话、自我剖析、述职演讲、组织讨论、组织谈话、领导宣布等等。整个过程，让人真切地感到，加大了民主分量，有点“竞选”的味道。20 世纪 90 年代中期，国家税务总局率先在全系统试行了“竞争上岗”制度。国家税务总局机关第一次竞争上岗时，先笔试、后民主推荐。结果出现了笔试过了，推荐未过的现象。后来接受群众意见，把竞争程序改为先民主推荐、后笔试。这样，民主推荐未取得资格的，就不参加笔试以下的程序了。程序顺了，民心顺了，积极性也就高了。竞争上岗的方案在“摸着石头过河”的办法中，不断充实、完善。尽管存在着少数“考得好”实际不一定“做得好”的问题，但大多数群众认为，竞争上岗制度坚持的是民主、公开、竞争、择优，让大批优秀年轻的干部脱颖而出，走上领导岗位，各级领导班子有了新血液、新力量，号称百万大军的税务干部队伍“特别能战斗”的能力不断增强，“聚财为国，执法为民”的税收工作不断取得新成绩。在进入新世纪之初的几年里，一些部委前来考察切磋竞争上岗“情况”，带来了鼓励，带来了智慧。近年来又创新推行了“部门内控机制建设，强化流程制约和风险管理”的新机制，做到了税收执法全程固定、全程留痕、全程可查、全程可控，不可逾越的防腐新机制，加强了队伍建设，保证了国家税收。

人是第一生产力。制度的力量，就在于能够指导好、保护好、发挥好这个第一生产力的作用。

20. 靠能力折服人——实力

考试第一的人，永远不会被无视。能力不济靠走关系挺累，没有能力靠走关系赔本。

能力实力是人生立信的关键

人，生活在社会中做任何事情，都需要有能力、需要靠能力。能力是做成做好事情所体现出来的一种本领、一种素质。实实在在存在的能力就是实力。能力是潜在的，实力是能力发挥作用后表现出来的，包括有形的硬实力和无形的软实力。

一个人的能力，如果令人从心底里信服甚至屈服，就是折服；如果特别的折服，那就是佩服。有句话说得好，考试第一的人，永远不会被无视。“第一”既是能力的标签，又是实力的证明。能力的实力，是先进的“身份证”、是成功的“保险单”、是竞争的“撒手锏”。纵观古今，人类文明进步的实质是能力的进步；人类社会发展规律的实质是“以物为本”“以人为本”、最终“以能为本”的发展；世界竞争实质是人才能力的竞争；市场经济实质是能人能力的经济。能力不济时，走关系挺累；没有能力时，走关系是做赔本的生意。

靠能力折服人，就是靠实力折服人，实力是富有生命力的素质，是优胜劣汰的力量，是改变一切实实在在的真能力。靠能力折服人，就是靠实力做好人、做好事，主导引领先进，让人信服。靠能力折服人，就是靠实力与人和谐共处，共事共荣，能称“霸”但不称“霸”。靠能力折服人，就是靠实力团结更多的人，做成更大的事情，实现更好的目标。

靠能力折服人的前提是认识能力的重要性

能力是先进的“身份证”。

所谓先进能力，就是水平高，成绩好，走在前头，值得推广和学习的能力。做人要有能力先进的“身份证”。先进的做人能力有很多种：有以人为尊、以公为先、以廉为德的品行能力；有伯乐精神、绿地精神的眼界能力；有遇事能领能导、办法总比困难多的办法能力；有担当责任、担当使命、担当成败的担当能力；等等。做事要有能力先进的“身份证”。先进的做事能力也有很多种：能做事，就是人家不能做的你能做，人家能做的你做得更好；做好事，就是既能做成事又不出事，既能成功地解决问题难题又能经得起实践和历史的检验；等等。

中国共产党建党 90 多年来，之所以能在每一个历史关头“障百川而东之，回狂澜于既倒”，带领人民革命、建设、改革，写下了灿烂的历史篇章，就在于党的先进性，就在于无数优秀共产党人实践这种先进性。先进是共产党人能力的“身份证”。这个“身份证”饱印着永不褪却、历久弥新的英雄底色，铭刻着“人无我有、人有我优、人优我精”的不懈追求。先进，是本色的自然流露，不是靠作秀；先进，是一心为公的“大意识”，不是一时为私利的争强好胜；先进，是表里如一的“永久牌”，不是“人前一套、背后一套”，不是一阵子，是一辈子；先进，是纯自然的口碑，不是“人造”的口碑。拥有这种先进“身份证”的共产党人，历史多多，现今多多。我们的责任就是继承先进的旗帜，踏平险阻冲向先进的高峰。

能力是成功的“保险单”。

成功好比是天堂，能力就是登上天堂的阶梯；成功好比是梦想，能力就是梦想成真的“翅膀”。能力是实现目标的基础，能力是获得成功的条件，能力是成功必备的“保险单”。当然，能力今天有不等于明天有，本事这里有不等于那里也有。能力的变化影响成功的变化。只有与时俱进地提升能力，才能与时俱进地保证成功。

张仁武，在美国拥有130万亩土地的农场，全部种植“牧草之王”——紫花苜蓿草。当地白人称他为“国王”，加拿大《渥太华时报》称他为“点草成金”的“超级农场主”。张仁武的成功不是偶然的，而是成功条件的集合。

首先，具有学识能力条件。张仁武1986年毕业于山东大学生物系。其次，具有市场需求调研能力条件。张仁武在投资前精算了4笔账：第一，2008年发生“三聚氰胺事件”后，张仁武研究发现，只有让奶牛食用高蛋白的粗饲料，才能解决提高牛奶蛋白质含量的根本问题。但国内像苜蓿草这样的饲料作物面积很少，产量远远无法满足各大奶企的需要。第二，一头奶牛，食用秸秆年产奶量3～5吨，食用苜蓿草年产奶量超过11吨，差量绝对不是一个小数目。第三，在美国种苜蓿草与国内比最重要的是土地成本低，另外运输费用也低，海上运输一吨苜蓿草，一个月内到达，费用仅仅 15 美元，不到 100 元人民币。第四，美国 3 亿人，年需要 7000 万吨苜蓿草饲养奶牛，中国 13 亿人，目前奶牛存有量 1300 万头，现在仅能提供优质苜蓿草十几万吨。纵比、横比，苜蓿草需求量的缺口都是一个天文数字。再次，具有市场营销宣传能力条件。2012 年 4 月，仅前两茬（年收割 6 茬），就运回国内 1 万多吨干草，客户反映极好。2012 年 6 月，开始在微博上实时"直播"农场的生产进展情况。最后，就是及时下手才能得手的决策能力条件。必然的能力保证了成功的必然。[①]

能力是竞争的"撒手锏"。

能力的大小决定成功系数的大小。没有强大能力会被搞死，没有先进能力等于找死，没有足够能力就会快死，没有能力就只能等死。能力是竞争的"撒手锏"，提升能力才会提升竞争力。

阿里巴巴创始人马云，1982 年起连续三年高考，艰难过关；1995 年辞职；1997 年第一次创业失败；1999 年 1 月第二次创业失败；1999 年下半年，阿里巴巴横空出世。"如果你能像马云一样敢思、敢想、敢说、敢做、敢为天下先，那你也可能创建自己的阿里巴巴帝国。"马云的经历告诉人们，谁都向往"阳光灿烂的日子"，但不是谁都明白"阳光总在风雨后"的道理。寒山问拾得："世间有谤我、欺我、辱我、笑我、轻我、贱我、骗我者如何处治乎？"拾得曰："只要忍他、让他、由他、避他、耐他、敬他、不要理他，再过几年，你且看他。"也许挫折就像这么一个小人，我们不用对它斤斤计较，只消如此如此便可保无虞。邓小平说过："凡是有点儿干劲儿的，有点儿能力的，他总是相信自己，是有点儿主见的人。越有主见的人，越

---

① 朱荣章. 看准了就干，没有失败［J］. 思维与智慧，2014（17）.

有自信。这个并不坏。”海伦·凯勒也说过：“信心是命运的主宰。”人生最大的破产是绝望，人生最大的资产是希望。有了信心和希望，就有了东山再起的最大资本。[①]

根本在认识，关键在自己。“失败是成功之母”和“成功也是失败之母”，说的是如何应对“逆境”和“顺境”的认识能力，是如何掌控顺境和逆境变化的软实力。这犹如罗丹和车尔尼雪夫斯基对“美”的阐述一样，“美是到处都有的。对于我们的眼睛来说，不是缺少美，而是缺少发现”“美，存在于生活之中，而对于美的发现，则要靠人们对它的理解和认识”。言之有理，识之真理，做之在理。理性也，智慧也，胜者也。

靠能力折服人的基础是提升能力

“条条大路通罗马”，提升能力的路径有很多，其中“五真”应该入选。

第一，真识。

“识”是提升能力的前提。任何巨大成就实现之前必然要用“识”刻画它、描绘它，这一点已成为认识事物的真理和成就事物的规律。有为先有“识”，“识”为先，“识”为根，认识是一切行为的设计者、推动者，良好的认识决定良好的行为。所谓真“识”在于真知，知道全貌，了解本质；在于真是，是什么、为什么、干什么；在于真准，顺遂规律，自然、使然、应然。

居里夫人发现新元素——镭，开始是从物理学家亨利·柏克那里

① 王刚. 没有一个谷底不可逾越［J］. 思维与智慧，2104（17）.

得知铀能够发出一种性质不明的射线，然后就全身心地投入了精确测量放射现象的工作。她对全部已知的化学物质进行实验，又发现钛也有放射性。进一步跟踪实验，又发现铀沥青矿的放射性程度，竟比计算出的数字大得多！这一反常现象说明，此种矿物中一定含有某种比铀与钛的放射性还要强得多的新元素！由于认识到“新发现”，居里毫不犹豫地放下手头的工作同夫人一起攻关。翻倒矿石，搅拌冶锅，搬运器皿，倾倒溶液，他们把自己的全部精力都投入到捕捉镭的工作上。镭，终于被勤奋的居里夫妇抓到了。由于这两位科学家有见识，有猎手般的眼睛，预先认识到放射性研究将是打开核物理大门的金钥匙，认识到放射性呈现异常现象，认识到这里将大有作为，所以才会下那么大的决心搞出来，为人类认识世界、改造世界做出了不朽的贡献。

第二，真学。

“学”是能力提升的源头。“能力，并非是天生的。当一个人呱呱坠地来到人世间后，其哭声与哭相大概是差不多的。只不过随着年龄的增长、后天的训练，有人把哭作为倾泄，有人把哭作为表白，其哭声与哭相也就越来越不一样了。也即说，其能力也就越来越悬殊了。这是后天使然，这是规律应然。”能力，是学来的，不是混来的，要学一辈子，不是学一阵子。人为了“活下来”，学喝水、学吃饭、学说话、学走路；为了“活下去”，学做人、学做事，学文化；为了“活得好”，学习“祖宗”留下来的文化，学习人类一切文明成果，学习去创造世界上没有的新事物。人与生俱来，哪怕是最简单的一个动作都得靠学，否则就会无法生存下去。只有先学，才能适应、才能发展。真学的关键是治学之道，有志，且志存高远；有识，有自知之明；有恒，能坚忍不拔。真学的核心是业精于专，业学专一，“用心一也”。真学的要义是善于联想，让思维插上联想的翅膀，在问题的世界里任意翱翔。像牛顿那样看见苹果从树上掉在地上“想”出来了“万有引力定律”。达尔文说：“我的学问最有价值的全是自己苦读学来的。”宋代学者任末到14岁时还没有固定的老师，他背着书箱，不怕路远险阻，到处寻师求学，如有心得就写在衣服上。知识如海、如山、如星，学无止境，真学真能。

第三，真悟。

“悟”是能力提升的核心。“学而不思则罔，思而不学则殆。”学中有思、学而后思才能发现前人所未发现的问题，进而找到解决方案，就好比吃下食物化为营养，增强了自身体质。“履霜，坚冰至。”（《周易·坤卦·初六》）其意是踏着霜，就知道坚冰要到了。由霜预见冰，其实这说的就是悟，悟出了由霜到冰的事物发展顺序和规律。思即悟，悟即思。悟出来的知识才是自己的、最好的、有用的。

美国前国务卿亨利·基辛格在《论中国》一书中有一节“空城计：毛泽东的国际关系学”，其中写道：

> “面对大国核战争的威胁，毛泽东表现出的泰然自若很有些空城计的意思。从一开始，中华人民共和国就在与两个核大国的三角关系中周旋，它们各自都有对中国构成巨大威胁，假若它们联手，中国将会遭到灭顶之灾。对于这一形势，毛泽东的应对办法是人民战争。他宣称不惧核威胁，公开表示不怕牺牲，说它会保证共产主义胜利能够更快到来。毛泽东关于核战争的言论是否发自于真心我们不得而知，但是他显然成功地使世界各国相信他并非虚张声势——经受住了对他声誉的最终考验（当然，中国不是完全的‘空城计’，它最终发展了自己的核武器

能力）。”“毛泽东借鉴了中国漫长的历史上众多在处于相对劣势的情况下以谋略实现长期目标的经验。”

基辛格“悟”出了毛泽东的伟大，也证明了自己的不凡。

第四，真用。

“用”是能力提升的目的。生活中，只有试了的鞋才知道合脚的程度；只有打出去的子弹才知道命中率的高低。人们学到的知识也是一样，只有用了才知道有没有用、有用的程度、效率和效果，只有用了才能“称”出知识的力量。

习近平在《纪念孔子诞辰 2565 周年国际学术研讨会暨国际儒学联合会第五届会员代表大会开幕会的讲话》中指出：

“儒家思想和中国历史上存在的其他学说都坚持经世致用原则，注重发挥文以化人的教化功能，把对个人、社会的教化同对国家的治理结合起来，达到相辅相成、相互促进的目的。”“当今世界，人类文明无论在物质还是精神方面都取得了巨大进步，特别是物质的极大丰富是古代世界完全不能想象的。同时，当代人类也面临着许多突出的难题，比如，贫富差距持续扩大，物欲追求奢华无度，个人主义恶性膨胀，社会诚信不断消减，伦理道德每况愈下，人与自然关系日趋紧张，等等。要解决这些难题，不仅需要运用人类今天发现和发展的智慧和力量，而且需要运用人类历史上积累和储存的智慧和力量。”“世界上一些有识之士认为，包括儒家思想在内的中国优秀传统文化中蕴藏着解决当代人类面临的难题的重要启示，比如，关于道法自然、天人合一的思想，关于天下为公、大同世界的思想，关于自强不息、厚德载物的思想，关于以民为本、安民富民乐民的思想，关于为政以德、政者正也的思想，关于苟日新日日新又日新、革故鼎新、与时俱进的思想，关于脚踏实地、实事求是的思想，关于经世致用、知行合一、躬行实践的思想，关于集思广益、博施众利、群策群力的思想，关于仁者爱人、以德立人的思想，关于以诚待人、讲信修睦的思想，关于清廉从政、勤勉奉公的思想，关于俭约自守、力戒奢华的思想，关于中和、泰和、求同存异、和而不同、和谐相处的思想，关于安不忘危、存不忘亡、治不忘乱、居安思危的思想，等等。中国优秀传统文化的丰富哲学思想、人文精神、教化思想、道德理念等，可以为人们认识和改造世界提供有益启迪，可以为治国理政提供有益启示，也可以为道德建设提供有益启发。”

第五，真创。

“创”是能力提升的极致表现。毛泽东说过，人类总是不断前进，总得有所发明，有所创造。创，是开始、初次的意思；新，是原来没有、创了以后才有的意思。创新是哲学的基本方式，是实践的最大收获。个人的进步，人类的发展，都是创新的结果。

党的十八届三中全会做出的“全面深化改革”的决定，是旗帜、是号角；“深化财税体制改革”的部署，是任务、是举措；“落实税收法定原则”的要求，是里程碑，是线路图。应当说财税工作迈入了创新性的新时代。

党的十八届三中全会赋予了财税职能作用新定位：“财政是国家治理的基础和重要支柱，科学的财税体制是优化资源配置、维护市场统一、促进社会公平、实现国家长治久安的制度保障。”这个新定位，将财税职能作用超越经济层面上升到国家治理体系和治理能力层面，将综合发挥基础性、支柱性、保障性作用作为新的治国方略和机制。这是党对马克思主义财税理论创新发展的重要成果，这是共和国史册上治理体系与治理能力现代化的新篇章、新高度、新常态。

党的十八届三中全会提出的“落实税收法定原则”，是建党以来第一次写入党的决议的纲领性文件，具有史无前例的开创意义。“法定”，即法治，法治的治，体现的是目标价值，是统治的“治”，不是体现工具价值治理的“治”。知“法定”之要义，懂“法定”之内涵，正是实现税收现代化作用的关键。

税收具有强制性、无偿性、固定性。北京市地方税务局局长杨志强在新著的《税收法治通论》中，对税收提出了新见解——国家主体性、公共目的性、无偿征收性。

1. 国家主体性。国家是征税的主体。征税权只属于国家，除了国家，其他任何组织和团体都无权征税。国家享有的政治权力是税收据以征收的依据，也正是因为有了国家强制力的保障，税收这种“侵益性”征收行为才得以实现。实践中，国家的征税权由中央政府和地方政府具体行使。

2. 公共目的性。国家征税的首要目的是为了取得足额的资金以履行公共职能，满足社会全体成员对公共产品和公共服务的需要。美国著名经济学家保罗·萨缪尔森在其最具代表性的著作《经济学》中指出：“通过税收，政府实际上是在决定如何从公民和企业手中取得资源以用于公共目标。通过税收所筹集的货币实际上是一种载体，经由它才能将那些现实的经济资源由私人品转化为公共品。”

3. 无偿征收性。虽然就社会整体而言，税收“取之于民，用之于民”，纳税人缴纳的税款与国家提供的公共服务间具有一定的补偿性，但就纳税人个体而言，国家征税无须向纳税人支付对价，税款缴纳后即转归国家所有，国家不需要在事后以相应的资财直接偿还某一具体纳税人。国家征税不是与纳税人进行利益的等量交换，纳税人缴纳税款的多少与其可能享受的公共服务、消费的公共产品的多少也没有直接联系。

“他们的思考和创作，你能认同、接受、赞成，是好事，如你不认同、不接受、不赞成，就此展开交流、争论和批评，我想也是他们愿意看到的，同时也是我乐意看到的。”“希望税务系统中有更多的同志拿起自己笔总结本单位、本系统的税收法治经验，共同推动税法学的研究，为实现税收现代化和推动税收文明做出应有的贡献。”该书“序言”中如是说。我确信会实现。因为，创新是实现税收现代化的第一动力，也是第一能力。

21. 靠成绩鼓舞人——动力

成绩是动力，成绩是魔力，关键在人的驾驭。

成绩动力是人生立信的条件

成绩，是一种精神最高层次的需求，是一种精神激励的最大动力，是一种精神力量不竭的源泉，是一种物质、精神相互促变的“魔力”。

人活在两个世界里，即物质的、精神的。成绩也有类似的特点，自己做完一件事情所获得的成果、结果，似乎是物质的，而这个成果、结果给人的兴奋、鼓舞，那就是精神的。这种精神的鼓舞，成为促进做好事情的航标式的动力，成为更强大往前冲的动力的活力，成为激发向上、再创新成绩的精神动力的源泉。

靠成绩鼓舞人，能肯定过去，鼓舞士气；能增强信心，鼓舞前进；能点燃希望，鼓舞未来。靠成绩鼓舞人，是一种动力的激励，是一种心力的愿力，是一种角度的态度，是一种胸怀的情怀，是一种修为的修养，是一种特别的力量。靠成绩鼓舞人，还要警醒成绩是把“双刃剑”，知行有度，警惕自大，让成绩始终成为飞起来的起点而不是落点，让成绩始终成为精神力量的“高音符”而不是“休止符”。千万小心，别让成绩成为失败之母；加倍关注，让成绩成为成功之父。

成绩是实现奋进的动力

成绩是对做好了、办好了功业成果的一种肯定，有的成绩可以立为标杆，有的成绩可以树为榜样。成绩具有双重性，一是物质性的，因为成绩是看得见、摸得着的实绩；一是精神性的，因为肯定成绩、立标杆、树榜样，都是一种奖励、一种表扬。日常生活中每个人都取得过或大或小、或多或少的成绩，都感受过成绩的喜悦、兴奋甚至冲动、亢进。那是一种催人奋进的正能量，那是一种有时候鼓舞人生一辈子的兴趣选择。心理学家马斯洛的需要理论告诉我们，成就需求是人的五种需要中的最高层次的需求。说白了，人都爱听表扬的话，因为人都活在心情里，心情好了，什么都好。心情即精神。取得了成绩，当上了榜样，精神振奋、动力十足，“榜样的力量无穷”，“精神变物质”的力量无尽。

报载，河南省兰考县胡集村有一棵泡桐树，因两人合抱不住、立地参天已成风景。这是焦裕禄 1963 年春天到村里调研时栽种的很普通的林木，但当地百姓却把它称为“焦桐”，一字之改体现了兰考人民对焦裕禄的怀念和爱戴。事实证明，泡桐不仅是挺拔的精神坐标，而且是改善了兰考生态环境的能手，更是一棵棵“摇钱树”，早已成了兰考人享用不尽的“绿色银行”。种泡桐，是当年焦裕禄经过大量调查研究，结合当地实际，根治风沙、盐碱和内涝的政绩。这个政绩是“潜绩”而不是“显绩”，因为焦裕禄在兰考工作的时间只有一年半，泡桐再怎么生长，也不可能成材，但它却见证了“打基础、谋长远”的历史价值、历史政绩。这价值观体现了物质与精神互变的力量，这政绩体现了榜样精神动力的力量。这力量永远催人奋进。

报载，与共和国一起成长的鞍钢集团公司在生产出国家建设急需的大量优质钢材的同时，60 多年来累计诞生各级各类先进典型人物近万名，持续不断地贡献着时代的楷模，播撒着榜样的力量。2010 年，“雷锋传人”郭明义的名字响彻全国，他在持续 30 年爱岗敬业、忠于职守、热心公益、奉献社会的同时，以在全国带起 600 余支志愿者团队，参与者多达 130 多万，创造了无比巨大的爱心奇迹。像郭明义一样，成千上万名活跃在鞍钢各个车间、班组的先进典型人物，像一面面旗帜向干部职工展示着学习的样本，释放着榜样的力量。“榜样带来的不仅是精神力量，而且还有实实在在的物质财富。前两年鞍钢开展的职工提合理化建议和‘网络问企’活动，职工们共提意见建议超过 100 万条，帮助企业改进和提升了很多工作细节。而由众多模范领衔的创新工作室及工作小组，正吸引上万职工参与其中，每年完成创新成果数千项，为企业创效上十亿元。”鞍钢为何“既出钢材又出人才”，而且“江山代有人才出”，“一个不容忽视的因素是鞍钢大力营造崇尚劳模、奖励劳模、争当劳模的文化氛围，激发出了奋发向上、崇尚向善的强大力量”。“教诲是条漫长的道路，榜样则是条捷径”。“榜样产生力量，精神创造财富”。榜样是看得见的催人奋进的哲理力量。

成绩是实现希望的动力

希望是每个人都有的，大希望也好，小希望也罢，都是美好的、都是要实现的。希望的实现不是轻而易举的，是需要一个个问题的解决，也就是一个个成绩的叠加。希望好比是塔尖，成绩好比是台阶。努力取得一个成绩，就迈上了希望的一个台阶，就增加了一份冲上塔尖的动力，就平添了一种实现希望的特别力量。

报载，“清华神厨”张立勇，称为厨，他当年确是清华大学第十五食堂的一名厨师，称为神，他在英语托福考试中取得 630 分的优异成绩，让广大学子刮目相看。他出生于江西省一个贫困的小山村。高中时，他曾希望考上理想的大学，改变贫困的命运。可是，他读高二时因家里无钱缴学费被迫回家。他很不甘心，从没放弃到大学校园里学习、生活的希望。所以，他大胆的决定：远走北京实现希望。他的目标非常清晰，要到大学校园去应聘工人，既能挣钱养活自己，又有机会学习。他非常珍惜来之不易的生活，努力学习，以英语为突破口。他制订了严格的学习计划，因为工作，他得凌晨 4 点半起床，可是他 3 点半就起床，提前学习一个小时，晚上 7 点半下班后再学习 5 个小时。为了不影响工友们休息，他常常跑到路灯下去读英语。后来，在一场讲座中一举成名。他流利的英语让美国专家和清华学子赞叹不已，当得知他是一名厨师时，现场掌声雷动。此后，食堂经理为他的求学打开方便之门，减少他的工作让他多进教室听课。很快，他就接连通过英语四级、六级考试，后又在托福考试中夺得 630 分的超高分，被媒体誉为“清华神厨”。张立勇坚持学习，取得了北京大学的本科和南昌大学的研究生文凭，他写的书《英语神厨》被评为“全国青少年最喜爱的书”。他也获得了“中国学习十大青年”等多项荣誉。在人生道路上，只要目标清晰，努力不懈，就会踏着一个个成绩的台阶，登上希望的塔尖。一个个的成绩给了一次次的动力，最终实现了希望。没有人能回到希望的起点，但你可以从今天开始创造新成绩、创造新起点、创造新结局。

成绩是实现开拓的动力

世界总是在改变中前进，适应、跟上、创新总是需要开拓。开拓有原点有起点但没有终点。原点好比是老成绩的老动力，借着老动力起飞就成为新起点，取得新成绩形成新动力，再凭借新动力再起飞，再取得新成绩，再形成新动力。就像三级火箭一样，一级接一级的动力，最终把飞行物送进宇宙轨道的大圆圈里。其实，开拓就像被成绩推动的一个大圆圈，成绩在开拓中巩固，开拓在成绩推动中前行，没有终点，永无止境。

某公司有个助理帮总经理贴票据，在多数人看来，这个工作既烦琐、重复，又没有意义。但这个助理建立了一个表格，把所有的报销数据按照时间、数额、消费场所等记录下来。时间一长，她就发现了这些商务活动背后的规律，总经理没交代到的工作她也能处理得很好。实际上，她对待重复工作的态度以及在此基础上发展出来的方法，让她的工作不再局限于贴票据的助理工作，她实际上拓展了她的职业生涯。

澳大利亚有家酒店是全国十大度假酒店之一。2005 年创造了营业额 10 亿澳元的销售神话。这得益于老板“唱反调”的经营策略。这一策略的核心是：“我跟在别人的后面开酒店，走着和别人一样的路子，自然吸引不了客源，如果与常规经营‘唱反调’，说不定有不一样的效果呢。”经过长达半年的市场调查之后，老板推出了两条令人耳目一新的举措。第一条是尽可能地延长游客每天的住宿时间。一般酒店都是通过缩短游客的住房时间来提高客房入住率，但老板却不这样认为，凡是入住本店的游客，每天住房时间按 26 小时计算，这条新规，吸引了大批的游客。第二条举措更令人瞠目结舌。本店基本上不接待团体游客，对家庭游客则实行 6 折优惠。理由是，旅店老板都希望自己的旅店每天都能住满人，所以他们都将注意力定格在人数较多的团体游客身上，而忽略了家庭游客。其实，团体游客人数多，虽然表面上看会增加酒店的收入，但他们会破坏酒店宁静、祥和的气氛，进而影响游客的兴致。而优待家庭游客的决策，为酒店保持了一种优雅、静谧的氛围，并吸引了更多的家庭游客前来投宿，因而旅客不断增多。[①]

爱因斯坦出任荷兰莱顿大学特邀教授时，给学生讲的第一堂课是成功的秘诀。爱因斯坦拿着一个盒子走上讲台，他一言不发，从盒子里拿出一枚又一枚骨牌，在桌子上摞起来，摞到 20 几枚时，骨牌哗啦倒了，他不紧不慢地捡起来接着摞。当爱因斯坦摞到四五次时，平静的礼堂开始骚动。但爱因斯坦依然慢条斯理摞了倒、倒了再摞……30 分钟过去了，学生们开始纷纷离去。也有的学生帮爱因斯坦摞起来，这时他们发现，盒子里大约有 50 枚骨牌，他们摞起不到 40 枚就倒了。学生又一个个离去，最后，只剩一名学生仍然执拗地摞。又过了一个小时，那个学生终于将 50 枚骨牌全部摞了起来。爱因斯坦高兴地开口了：“祝贺你成功了，有什么感想吗？”学生思索了一下说：

① 郝金红. 打破常规“唱”反调［J］. 思维与智慧，2013（24）.

“每摞一次，都有新的发现。”原来他在摞骨牌时，发现有的骨牌略带磁性，能吸合在一起，他就把带磁性的骨牌全摞在下面，倒了再摞时，他又发现骨牌轻重不一，他又把重的摞在下面，就这样反复几次，便全部摞了起来。爱因斯坦说：“成功就是不断发现问题解决问题的过程，同时还要有足够的耐心去做，所以成功的秘诀就是：简单的事情重复做。”那位摞骨牌的学生就是后来爱因斯坦的同事，美国著名物理学家、思想家和教育家惠勒。

毋庸讳言，由于思想的复杂，成绩也被贴上了真假、显潜的标签。真成绩讲实绩，假成绩弄虚绩；显成绩追求短期、轰动效应，潜成绩立足基础、长远效应和全面、科学效应，像焦裕禄带领群众栽种泡桐治风沙那样，明知一二年难见效，但三五年成材之后就能长久根治风沙、盐碱和内涝，还能成为“摇钱树”。这样的潜绩，是为人民谋利益、谋幸福最好的政绩。有人说，做人的成绩是软成绩，做事的成绩是硬成绩。其实，做人、做事取得的成绩没有软硬之分，只有软硬之合。做人做事不是单方面的，而是相辅相成的，是需要“德才兼备”的。

靠成绩鼓舞人，首先是取得成绩。取得成绩方法虽然多种，但简单、基本的方法是：态度 + 质量 = 成绩，或态度好 + 质量好 = 成绩好。态度是心态的反映。心态是人生的“指南针”，是每个人身上的隐形“护身符”，一面“护”的是积极心态，另一面“护”的是消极心态。

质量是务实的结果。百年大计，质量第一。质量质量，质是第一，量是第二。质量反映着人的品格素质、企业的生命灵魂、社会的文明程度。质量是务实“产”出来的、“管”出来的。只有务实硬抓，才能出成绩、创发展。

著名电影大师卓别林在《城市之光》中，有个被人津津乐道的镜头：卖花的盲女在听到重重的车门响后，以为碰到了阔人，就向前兜售鲜花，不忍心拒绝的流浪汉就用自己口袋里仅剩的两角五分钱买下了一束花。人们称赞卓别林天才般地还原了真实。可卓别林听到赞扬后，既没有喜悦，也没有表示。后来有个莽撞的观众非得让他讲一下是如何产生那个天才方案的，卓别林见躲不过，就淡淡地说道："这没什么，我只不过设计了 342 个方案罢了，然后全都拍出来，选了你们看到的那个。"天才的方案并不是从一开始就能自动产生，它往往伴随着的是痛苦的挣扎、辛勤的摸索，还有尝试百遍的勇气和决心。①

2014 年 9 月，中国香港陈启宗、陈乐宗兄弟通过家族基金"晨兴基金会"，向哈佛大学公共卫生学院捐赠 3.5 亿美元，创下哈佛 378 年校史上单笔捐款金额之最。为什么哈佛等美国高校能吸引这么多捐款？据哈佛大学美中经济关系协会专家咨询委员会主任赵云龙介绍，哈佛大学能够成功吸引大笔捐款，与其较好的管理方式分不开。"哈佛大学等著名高校校长的主要职责，第一是找钱，第二是找高水平教授。没钱就请不来高水平教授，学校的名望就难以为继。""哈佛大学有基金管理公司，对学校和吸引来的捐款用经营公司的模式管理，严格、科学地进行成本核算，学生和研究成果是学校生产的产品，产品质量的高低决定着公司吸引投资的多少。"②

20 世纪 80 年代中期，在祖国边陲一个小城，发生一件"地震级"的事件。某机关下属单位的一名科级干部，因办理减免税而索贿行贿，被判有期徒刑。市机关时任相关领导受到党纪政纪严重处分，省对口领导机关包括领导班子成员在内的 20 余名干部也因此事而受到

① 一念清凉. 天才的方案源于342个方案［J］. 思维与智慧，2014（22）.
② 李秉新. 哈佛大学吸引巨额捐款背后［N］. 环球时报，2014-10-30.

不同的处分，引起全省的震动。由此，这个小城的机关及系统上上下下都“抬不起头来”，士气低落。一段时间，省对口领导机关的干部到该市调研都“越门而过”，直接与企业联系。如何打破这“沉闷”的局面，重新调动起干部群众的工作积极性？市机关经过研究，决定召开全市系统思想政治工作会议；决定靠典型引路，总结、树立、宣传 7 个典型（包括个人和集体）；决定党组成员分别带队，分赴辖区 9 个市、县巡回演讲。如此这般的态度与做法，证明了还是“好人”占绝大多数，不是“一筐烂木头也砍不出一个楔子”的单位；发扬了榜样的力量，扭转了“低沉”的气氛，提振了工作的“士气”。

1991 年 4 月，我随某部赴日本考察，“反避税”组由日本大藏省（时称）国税厅接访。会访室是一个“破旧”的有 100 多平方米的方型多功能厅，正对门口十几米的一个角落摆有一组沙发，即是接访的地方。考察组被引进落座之后的十几分钟，没人“招呼”也没人“倒茶”。又过几分钟，只见一位日方中年男官员，空着双手，“昂首挺胸”缓慢傲气地走过来。这时，心中燃烧起一种不被尊重的感觉。经自我介绍得知，接访的这位官员是“课长辅佐”。接着，我方组长（某司副司长）对翻译说：“今天，我将考察交流的 3 个大题目、十几个小题目一口气说完，你再一口气翻译过去。”组长说了十几分钟，翻译用了十几分钟。这个过程，我们看到日方官员的脸色由“傲气”逐步变为“真诚”，起立说：“对不起！我去拿资料，请稍等。”此时，我们的心境由“阴”转“晴”。交谈中，为了准确回答我方问题，日方官员打电话让“课”内同事送来相关资料。送资料的是一位年轻男官员，好像刚毕业的学生。只见这位年轻官员，双手端着资料，几乎迈着正步向我们走来。放下资料后，一步一步地退到门口，行过标准“日本礼”后，关门离去。这个过程，我们的心境一“震”，由“晴”

变得“阳光”。这次考察，收获超出预料，感叹良多：实战是最好的实践。这次实战让我们体悟了以德报怨、戒急用智的获得感，体悟了靠能力取得成绩的获得感，体悟了“机会是给有准备者准备的”获得感，体悟了讲实力、有实力、靠实力成功自信的获得感，体悟了抓住机会创下“中国人真棒”的获得感。

靠成绩鼓舞人，是一种动力，也是一种魔力，关键在人的驾驭。

22. 靠思想教育人——引力

思想的引力如同地心的引力，一样自然有力。

思想引力是人生立信的根本

思想，是人类的标志。人类的任何思想，都是从自己的认识格局中诞生出来的，即客观存在反映在自己心里的想法，形成的观念体系。思想，是人类一切行为的基础，也是原动力。一个能思想的人，才是一个力量无边的人。思想成全伟大的人。毛泽东说："思想对客观现实的发展有强大的反作用，正确思想一旦为群众所掌握，就会变成改造世界的巨大物质力量。"

思想的力量在于信仰，信仰的引力，像地心引力一样巨大。思想如"心""主神明"，吸引人对客观存在的认识、思考、思维，选择具有科学性、价值性的正确思想。思想是精神领袖，引导人生观念、人生方向、人生行为，引导人稳稳把好人生路上的"方向盘"。思想是特殊力量，是一种吸引、引导的力量，是一种引领、牵引的力量，是一种培养、教育的力量，是一种改变、改造的力量。

靠思想教育人，就是要以“思想是行动的先导”为“总开关”，让科学、先进、正确的理论思想引导人、武装人、教育人、培养人、改变人、发展人，让思想的引导如同地球的引力一样，自然而巨大，神奇而不神秘。

思想主导人生。思想，是客观存在反映在人的意识中经过思维活动而产生的结果。这个结果属于理性认识，亦称观念，理性认识的过程亦称思考。古人说“心主神明”，心即思想浅显的理解就是思想像“神”一样明白明确、当家做主规划人生、设计人生、引导人生、主持人生。它规划人生方向怎么选，它设计人生行为方式怎么行，它引导人生情感方法选什么，它主持人生世界观、价值观、幸福观是什么，等等。俨然思想就是人的“发电机”“总开关”“方向盘”“定海神针”，一个人的任何行为方式和情感方法都是思想引导的结果。思想的力量在于信仰，思想信仰主导人生。比如，毛泽东在 1936 年同斯诺的谈话中说：“我接受马克思主义，认为它是对历史的正确解释，以后，就一直没有动摇过。”叶剑英说过：“我不是因为穷，因为苦大仇深，因为解放自己才参加革命的。”“‘矢志共产宏图业，为花欣作落泥红’是他一生的写照。”[①] 比如，当年国共两党彻底决裂，分道扬镳时，有的选择了国民党所信仰的“三民主义”，有的则选择了共产党所信仰的“共产主义”。这就是大浪淘沙，信仰当家。比如过去，老一辈无产阶级革命家，“砍头不要紧，只要主义真”，这是“不倒的信仰”思想。今天，一些党员领导干部之所以腐败犯罪，根本原因是“精神缺钙”，这是“信仰倒了”的思想。正是，为了信仰不要命，丢了信仰要了命。

① 张延忠. 百年沧桑话叶帅［M］. 南方周末，2012-5-17（23）.

思想先导行动。人的思想是自己认知中心智活动的产物，其基础是人对客观事物的认识，其范式过程是人对客观事物的感性认识积累多了，经过思维活动上升到理性认识的过程，思想是行动的先导，有了正确的思想才会有正确的行动。比如，中国特色社会主义道路，今天无可争议地成为中国前进方向的“最大公约数”，成为凝聚人心的一面旗帜。可是，为了这条路，有多少人前仆后继奋斗不已，又有多少人坚定不移舍命跟随，还有多少人放弃其他道路毅然回归，因此这条路上的队伍越来越壮大，我们完全相信，今后踏上这条道路的队伍更会越来越壮大，因为这是近代以来中国社会发展的必然选择，是历史和人民的选择，是“思想是行动的先导”的必然结果。“大行动”如此，“小行动”也如此。比如，20 世纪 90 年代中期，机关里不少同志都有了“私家车”。据反映，有的是自己买的，有的是借企业的。当时考察一名新党员是否符合标准，不仅政治要清楚，而且“经济”也要清楚。如果是借企业的应该退还；如果是自己买的，请说清楚资金来源。此种行为，有人说“这才是党要管党”，也有人说“这有点左”。争论归争论，不争的事实是这“争论”是由思想先导行为带来的结果，其意义在于实事求是执行党员标准。同时，也证明立规矩“治身”，立信念“治心”。思想领先是最重要的领先。思想有多远，行动才会有多远。

思想富有力量。有位哲人曾说，山因势而变，水因时而变，人因思想而变。拿破仑说，世界上有两种东西最有力量，一是剑，二是思想，而思想比剑更有力量。《苦难辉煌》作者金一南说：“领袖的核心是什么？是意志，是思想。有的领袖提供意志，有的领袖提供思想。所以列宁说，需要一个领袖集团。但列宁本人，既提供了意志，又提供了思想。毛泽东也是如此。蒋介石却仅为他的党提供了意志。提供思想的，是孙中山。仅就此点来说，蒋也不敌。”《共产党宣言》指出：“人们的观念、观点和概念，一句话，人们的意识，随着人们的生活条件、人们的社会关系、人们的社会存在的改变而改变，这难道需要经过深思才了解吗？”[①] 比如，毛泽东当年把马克思主义与中国革命实践相结合，提出“枪杆子里出政权”“农村包围城市”的论断和路线，推翻了“三座大山”，取得了“新民主主义”革命的胜利，创建了新中国。邓小平当年把马克思主义同中国的现代化建设实践相结合，提出“中国特色社会主义理论”，取得了举世公认，令人瞩目的成就。当下，尽管有的国家忽悠“中国模式”的问题，但我们很清醒中国特色社会主义理论正在实践、探索、完善、发展。尽管有的国家忽悠“中国威胁论”“中国崩溃论”，我们也不害怕，因为“身正不怕影子斜”，“心底无私天地宽”。“任凭风浪起，稳坐钓鱼船”，走自己的路，莫回头，让别人说去吧！

实践证明，思想神奇而不神秘，神奇的就是思想的力量。这力量可以改变人、改变社会、改变自然。这力量有多大可以想象但却难以估量。所以，靠思想教育人，最要紧的是自己，用自己认知的思想教育自己成为对社会有用的人、对人民有益的人，那是最“棒”的成果，也是最“牛”的贡献。

先进思想、底气思想、自立思想，是教育人必不可少的思想

所谓先进思想，由于世界观的不同而认定的标准不同，但实践

① 《马克思·恩格斯选集》第一卷，第270页。

是检验真理的唯一标准应该是共识。比如，马克思主义，在人类历史上，第一次科学的把唯物主义和辩证法有机地结合起来，并第一次把唯物主义贯彻到社会历史领域，创立了马克思主义哲学，即辩证唯物主义和历史唯物主义。它的产生奠定了马克思主义全部学说体系的有机的统一基础，它的产生是人类认识史上空前的大革命。列宁指出："马克思的全部天才正在于他回答了人类先进思想已经提出的种种问题。"今天的中国，正是一批民族精英在马克思列宁主义指引下走上救国救民道路的结果；今天的中国，正是在马克思主义中国化的毛泽东思想指引下"站起来"的结果，正是在马克思主义中国化的邓小平理论指引下"富起来"的结果。今天的世界虽然存在多元化，但在治理全球金融危机中，西方世界不得不公开承认马克思的伟大，承认《资本论》的先进性和科学性。事实胜于雄辩，先进就是先进。

所谓底气思想，由于世界观的不同亦会见仁见智，但把称得上是"魂"、是"根"的"文化思想""人格思想"作为底气，恐怕不会有什么异议。

比如文化思想。鲁迅先生说过，"文化是骨髓里的东西"。当今国际文化讲坛盛传一句话：19 世纪靠军事改变世界，20 世纪靠经济改变世界，21 世纪则要靠文化改变世界。纵览人类历史，我们看到，一个民族无论面对多大的挫折与坎坷，只要坚守文化认同、坚持民族精神，就一定能在危难中奋起，重塑辉煌。文化是魂魄、是根基，一切物质终将消逝，而文化的生命力亘古长青。如果说道德的功能在明"理"慎"行"，那么文化的功能在养"心"提"气"。文化可以立人、兴人、强人；文化可以立国、兴国、强国；文化可以共同制造一个全新全盛的多元文化的共和大时代。

中华民族在几千年未间断的发展中，创造、形成了自己的独特文化、民族精神、价值系统，以及天地人相接相处的智慧，这是中华民族的灵魂与中华文化的本体，是我们固有的根本与精神命脉。其中，讲仁爱、重民本、守诚信、崇正义、尚和合、求大同等思想文化和价值理念，具有历久弥新的时代价值。①

在远古时期，当时的社会经济唯有狩猎业。只要一周捕获不到猎物，全族人将面临饿死的威胁；两周狩不到猎物，这个族群可能灭绝。更为残酷的是，为了族群的生存，就要偷袭别的部落，将被偷袭的人——多数是老人和孩子——当作猎物吃掉。中华民族的祖先伏羲是一个非常有爱心的人，为了改变“人吃人”的生存，发明创造了“建木封豨”。豨即野猪，是那个时期与人类共存的“所向无敌”的一个种群。豨齿硬，毛粗有弹性，箭和矛都伤不了，繁殖快数量多，成千上万的豨群，所到之处，什么东西都会被啃光。所谓“建木封豨”，即用木桩建成大围场和小围场，先把豨围进大围场，再从大围场引进小围场，每个小围场只圈六七头野猪。然后再把每个小圈里的野猪分给自愿建立起来的互助组管理和享用。当时，为了集体捕获和集体防御的需要，一直是族群混居，没有家庭，没有婚姻制度。互助组往往以一个母亲为主，还有男人和孩子，这样自愿建立起来的互助组逐渐演化成家庭。于是实行家庭承包制，有猎物时就蓄养着这些野猪，让它们继续繁殖；没猎物时，就可以自主享用，这样生存就稳定多了，不存在随时饿死的威胁了，也不用去捕猎别人的父母和孩子了。但是伏羲清楚，自己族人生存问题解决了，可别的部落仍然没有吃的，照样会捕猎自己族人的父母妻儿。于是他决定把建木封豨教会所有的部落，实现从狩猎业转到畜牧业，

① 郭齐勇. 护持精神命脉 加强人文教化［N］. 人民日报，2014-04-11.

都过上相对稳定、安居乐业的生活。所以伏羲带着族人，不辞辛苦地从西北到东南，大河上下，长江南北，游走在各部落之间，在这漫长的过程中间，伏羲又因地制宜发明了制伏野牛、野羊的方法，并教会了当地多个族群。因而大家亲切而尊敬地尊称他为伏羲，推举他为领袖。新发明带来了新希望。中华大地从此转入到了狩猎畜牧业并举的新时代，开始形成了一个多元文化共和的大时代。这个时代的精神是宽厚、大爱、天下大同——把自己最重要的智慧和天下所有的人分享。这就是中华民族的文化核心与根基。“地球是一个圆满的整体。尤其是关乎到全人类生存的重要智慧，一定要把它们无私地奉献出来，这样，才能真正体现中国核心文化的大同精神，才能在根本意义上弘扬中国的传统文化，才能让这个迷茫和纷扰的世界，在了解中国和中国核心文化的基础上，共同创造一个全新全盛的多元文化的共和大时代。”

比如人格思想。生活中，常听有人信誓旦旦地说“我以人格担保”“我以人格保证”。人格为什么能“担保”、能“保证”？因为人格是“个人的尊严、价值和道德品质的总和，是人在一定的社会中的地位和作用的统一”。正因为一个人的尊严加价值加道德品质得出的总和，等于在社会中一定的地位和作用，也就使一个人的人格产生了可信力，所以才能作“担保”、作“保证”。如果一个人的人格达到了高尚、完美，那就不仅有可信力，而且有影响力，成为人的楷模、偶像，实质就形成了人格的魅力。人格思想强调个体本位，以文化己，有尊严、有价值、有道德、有魅力，“本质上是人们的一种社会特质”。吕坤在《呻吟语》中将大臣分为六等：一等人宽厚深沉，远见卓识，造福于无形，消祸于未然。第二等人刚正清明，慷慨敢言，爱国如家，忧时如病，但未免太露锋芒；第三等人顺应时势，循规蹈矩，不能兴利，不能除害；第四等人只顾自己的名望荣华和上司的恩宠，毫不考虑国家安危；第五等人贪巧闹事，恃宠扬威，刚愎自用，扰乱国政；第六等人奸险凶淫，煽虐肆毒，危害百姓，伤害善良，蛊惑君心，断国家命脉，失四海人望。[①]其实，当代的人格思想，最重要的就是做到“意莫高于爱民，行莫厚于乐民”。爱别人是一个人爱的最高境界，爱人民是一个共产党人爱的最高境界。群众不信任是最可怕的危机，群众路线是最不能少的路线。我是谁？为了谁？依靠谁？任何时候别忘了、别糊涂、别“光说不练”。

所谓自立思想，由于每个人情况复杂多变的不同，形成的思想自然不同，但当代每个人无论是做人、做事、做官，都应该以社会主义核心价值观为基础、为根本，在其框架内，发挥好个人独立思想的作用。

自立自强的思想，既是一种思想，更是一种精神。毛泽东说过“自力更生，艰苦奋斗”，“我们希望有外援，但是我们不能依赖它”。中国古代有“立德、立功、立言”“三不朽”的格言。市场经济强调的是能人经济，实质是能力经济。这能力包括道德包括法律，所以，市场经济既是道德经济又是法治经济。道德能力、法治能力都是“自立”“奋斗”得来的、本真的，而不是用金钱与道德、法治交换买卖来的、欺骗来的。试想，文凭是用钱买来的，还有真才实学吗？试想，“官位”是用钱买来的，还能为人民服务吗？试想，如此的“能力”恶性循环下去，是不是既毁了现在这一代又毁了“千秋”呢？是不是又因为无能的落后而重新“挨打”呢？自立自强的思想不是理想主义但要有理想，不是完美主义但要求完美。自立当自强，家国大情怀。

① 阙道隆. 处世智慧［M］. 北京：中国青年出版社，1995.

比如，干就干好的思想，既是一种思想，又是一种态度。思想指导行为，态度决定高度。从心理上看，干好干不好都是一天，还是干好了划算，这是积极的心态。从经济上看，干好是讲质量讲价值，讲“时间就是生命”，珍惜时间成本资源。从政治上看，干好是一种以人为本、以能为荣的精气神，而不是一种以我为本、以混为能的“随性子”。所以，干就干好的首要是端正思想态度；必备是“实干兴邦”，“想干愿干积极干，能干会干善于干”；关键是干成事不出事；核心是悟，“世上人人学长年，不悟长年在眼前”，悟出干好的道理、方法，悟出干好的规律、创新的本领，把干好的路永远踩在脚下。

比如，树立快乐能力的思想，这是一种思想，更是一种境界。“快乐不是一种性格，而是一种能力。”其实，快乐是一种生产力。像多看人长处，与其说是一种方法，倒不如说是一种观念。人都有长处。善于看人之长，就会学人之长、用人之长，快乐别人也快乐自己。在这种快乐对接快乐的产业链中，产出的是和谐生产力。像多帮人难处，与其说是一种思维，倒不如说是一种修养。“帮助别人就是帮助自己”。常常惦记需要帮助的人是一种善念，常常积极帮助有困难的人是一种善行。帮助别人是快乐，被帮助的人更快乐。在这种快乐对接快乐的产业链中，产出的是真善美的生产力。像多想人好处，与其说是一种修为，倒不如说是一种德行。一个人的成长与进步，都是个人努力和贵人相助、高人指点、友人帮衬、家人支持的结果。为此，知恩、感恩、报恩是一种修为修养，更是一种美德本色。常怀知恩之心，常抱感恩之情，常做报恩之事，就是快乐对接快乐，就是快乐与快乐撞击产出的感恩生产力。快乐生产力，创造的是祥和、真情、智慧，创造的是一片新天地。

人，相处的教养，就是总能让别人跟你在一起的时候觉得舒服，而不能总是让别人跟你在一起觉得不舒服。“其实，人是一条鱼，社会是一缸水，如果我们是一条热带鱼的话，那么我们必须降自己的体温，而不是指望水来升温。”这是因为，“心理变，态度亦变；态度变，行为亦变；行为变，习惯亦变；习惯变，人格亦变；人格变，命运亦变”。这又是因为，“心”为主、为首，“心主神明”，“心”即思想。

周恩来是举世公认的伟人，“是同他自身的品德情操、思想风格紧密结合、相互渗透作用的”。“他刚柔相济，软硬结合；机警灵敏，在策略方法上灵活多变。当形势需要时，不惜舍小取大，弃近求远，以退为进，以迂为直。如在政治谈判和处事交涉中，通情达理，不拒绝必要的让步和妥协……他注重现实工作和生活中的周到周密，讲究策略方法，掌握火候和分寸。他处理矛盾及时、大胆、灵活、冷静，……被世人公认的处理疑难问题的能手。”“国外有人评论说：新中国的设计师是毛泽东，而一砖一瓦把设计变成现实的建筑师是周恩来。”[①] 周恩来的思想风格和人格魅力，“产生强大的号召力、感染力、凝聚力、启动力，大大增强了成事的效率，提高了领导效能”。周恩来的思想风格和人格魅力，体现了世界观和方法论的统一，原则性和灵活性的统一。这是一种思想的力量，这是一种思想神奇的力量。

① 孟庆春. 跟周恩来学处理矛盾［M］. 北京：红旗出版社，2009.

23. 靠实践锻炼人——能力

只有付诸实践的能力才有意义。没有点点滴滴，哪来轰轰烈烈。

实践能力是人生立信的前提

马克思认为，“全部社会生活在本质上是实践的”。实践就是改造社会和自然的有意识活动，是人的存在方式。人类的产生、生存和活动，是以实践为基本形式和标志的。实践活动的基本形式包括生产实践、处理社会关系实践、科学实践等多种多样。实践的基本特征为物质性、自觉能动性、社会历史性。实践是改造客观世界的一切活动。

实践，发现真理、证实真理、发展真理，实践是检验真理的唯一标准。实践，发现能力、证实能力、发展能力，实践是检验能力的唯一途径。实践的观点是基本的观点，实践的锻炼是根本的锻炼，实践的能力是最好的能力。

靠实践锻炼人，就是把实践当作广阔天地发现人的能力，把实践当作大熔炉锻造人的能力，把实践当作大舞台展示人的能力，把实践当作未来新大陆创造人的能力。靠实践锻炼人，就是靠实践出真知、出能力、出真理，把实践视为能力的根本源泉。靠实践锻炼人，就是要做到知行合一，知道一定要落实到行动上才算知道了，只有在不断的实践中，才能不断地修正自己的认识，才能渐渐地把事情做好。就像打铁一样，边打边修正，打着打着，一件精美的器物就出来了。人的所有能力，只有付诸实践的时候才有意义。没有点点滴滴，哪来轰轰烈烈。

实践出真知，在实干上下功夫

社会生活和时代发展本质上是实践的，实践性是马克思主义哲学的鲜明特征。马克思主义哲学认为，人的认识离不开实践，人对客观世界的改造更离不开实践。毛泽东指出，认识的能动作用，不仅表现于从感性到理性认识之能动的飞跃，更重要的还须表现于从理性认识到革命实践的这一飞跃。这两次的飞跃，实质就是真知的飞跃。这真知，包括经验、规律，包括理论、真理。毛泽东还指出：“你要知道梨子的滋味，你就得变革梨子，亲口吃一吃。你要知道原子的组成同性质，你就得实行物理学和化学的实验，变革原子的情况。你要知道革命的理论和方法，你就得参加革命。”这就是实践出真知的道理，也是实践必须在实干上下功夫的道理。

实干，是一种练就真知能力最重要的智慧。古人说，“大人不华，君子务实”“纸上得来总觉浅，绝知此事要躬行”。邓小平说：“不干，半点马克思主义都没有。”实干，就是为了研究问题、解决问题，就是要把握规律，谋求发展。实干，既不能空有一腔热血，更不能哗众取宠、投机取巧。世上的事都是干出来的，不是说出来的。在中国当下改革的浪潮里，有些事情并不难，而是因为不敢做才难的。所以，改革既需要“老黄牛”式的实干“韧劲”，也需要“狮子型”的实干“闯劲”。实干真的能够练就一大批尚实、求实、踏实、扎实、有真知、干大事的人才。

实干，是一种练就真知能力最保险的智慧。某主考官对 3 名考生说：“现在浴缸里注满了一池水，旁边放着一大一小两只空桶。我要看谁能用最短的时间把这缸水舀干。胜者，晋级；败者，淘汰。”胖汉奔到缸边，拎起大桶，一下一下舀水，缸干了，历时一分半钟。瘦汉跑到缸旁，抓起小桶，一遍一遍舀水，缸干了，历时两分钟。不胖不瘦的那位沉吟了几秒钟后，不慌不忙地走到缸前，弯下腰，伸手拔起浴缸底处的活塞。霎时，场外响起热烈的掌声。然而，两分钟后，微笑却僵死在他的脸上。活塞虽然拔开，但下水道并不通畅，浴缸里还有 1/3 的水没有流完。等他想用桶舀水时，时间已在不觉间溜走，最终被淘汰出局的竟是他这个“聪明人”！[①]

实干，是一种练就真知能力最可靠的智慧。富兰克林是 18 世纪美国最伟大的科学家、文学家和政治家，但他小时候却没有好的学习条件。他 12 岁辍学后，进入一家印刷厂当学徒。不久就对写作萌生了强烈的兴趣。此时，恰逢《新英格兰周报》在该厂印刷，他便想拜一位报社的资深编辑为师，经打听有位叫费恩的老编辑博学多才，便决心拜他为师。费恩对他提出一个要求，就是遇到没把握的字词，必须首先自行查字典，遇到不懂的写作知识，也必须自己提前翻阅书

---

① 鲁岐. 实干，本身就是一种最保险的智慧［J］. 思维与智慧，2015（5）.

籍。只有自学解决不了的问题，才可以请教老师。他严格遵守了费恩的要求，每天坚持写文章，每次交稿前反复推敲，甚至翻烂了好几本字典和教材。在不懈的努力和自学下，20 岁时他就成为小有名气的作家，后来又参与起草《独立宣言》。他把自己的成功归结于费恩的指导，一直对老师充满敬畏和崇拜。但费恩去世以后，他整理过去稿件时看到，在一篇稿子背面老师曾经写给自己的一句话："我曾经不擅长写作，与当初的你一样，每个单词都得查字典，一篇稿子要看上几十遍。你让我教你，我只能尽力去做，其实我能做的只是帮你唤醒心中的那个费恩，让你习惯于自己打磨自己。"[①]这个故事告诉人们：自己的进步，要靠自己日积月累的打磨！

实干，是一种练就真知能力最有效的智慧。在美国的一个小酒吧里，一位黑人青年因钢琴演奏动听，每晚都能吸引许多听众。一天晚上，有人提议，小伙子，你弹奏的这些曲子听得有些乏味了，换个口味为大家唱首歌怎么样？周围的人纷纷表示赞同。可是黑人青年却抱歉地解释道："诸位，非常对不起！我从一开始学习的就是弹奏乐器，从来没有学习过唱歌，唱起来一定很难听。"酒吧老板鼓励道："小伙子，你从来没有唱过，怎么知道自己唱不好呢？说不定你还是个歌唱天才呢！"他别无选择，只好硬着头皮，满脸通红地唱了一曲《蒙娜丽莎》。流畅自然的歌声回荡在酒吧里，在场的人无不为他那丝绒般温暖厚实的嗓音所迷住。歌唱完了，过了一会儿大家才回过神来，报以热烈的掌声和喝彩声。这个黑人青年名叫纳京高，没想到这次演唱竟使他从此告别了弹奏乐器，开始进军流行歌坛，并取得了成功，1949 年被誉为美国著名的爵士歌王。

① 张书宁. 名师在你心里［N］. 中国剪报，2011-03-28.

如果没有那一次被逼着的“实干”，没有后来继续努力的“实干”，也就没有纳京高的成功。

实践验真知，在总结上下功夫

“验”字有两重含义，即实验和检验。所谓实验，就是通过实践试一试、看一看，甚至经过反复试、反复看，最终加以总结得出结论，即实验的成果和成效。所谓检验，就是通过实践检验成果和成效，不仅验出好坏、对错的程度，而且还要验出再发展、再突破的思路。实验、检验的实践，是辩证唯物论的正确方法。毛泽东指出：“从感性认识而能动地发展到理性认识，又从理性认识而能动地指导革命实践，改造主观世界和客观世界。实践、认识、再实践、再认识，这种形式，循环往复以至无穷，而实践和认识之每一循环的内容，都比较地进到了高一级的程度。这就是辩证唯物论的全部认识论，这就是辩证唯物论的知行统一观。”认识、再认识就是总结再总结。总结是一种“进入高一级程度”的程序，通过把零散的、肤浅的感性认识上升到理性认识，得出科学的结论。总结是一种特有的感悟，在重新认识、理性研究中感悟，在感悟中做出指导性的结论。总结是一种认识的升华，在“实践、认识、再实践、再认识”的循环中，把认识升华到“高一级程度”，形成理论的真知、指导再实践的真知。总结要有实事求是的态度，要有“一分为二”的方法，要有指导性的理论价值。总结很要紧，总结很不易，总结要见真功夫。

“领袖是党的旗帜，革命的舵手。中国共产党在一九二一年诞生后，到一九三五年遵义会议这十四年间，走马灯似的换了六个领袖，即陈独秀、瞿秋白、向忠发、李立三、王明、博古。直至遵义会议，才确立了毛泽东的领袖地位。这是历史的选择。因为毛泽东坚持武装斗争，创立红色根据地、红色政权，运用游击战术和运动战术挫败蒋介石的多次‘围剿’……虽然毛泽东曾受到王明、博古‘左’倾路线的残酷打击，被剥夺军权达两年零三个月之久。但是，历史证明他所确立的方针、路线、战略是正确的。正因为这样，他受到全党的拥戴，成为党的领袖。从一九三五年遵义会议到一九四九年新中国成立，也是十四年。毛泽东领导中国共产党和中国人民，在这十四年间取得辉煌胜利。从前十四年与后十四年的鲜明对比，足以看出为什么历史选择了毛泽东。”①

曾国藩曾撰文质疑《史记》中木罂渡河、沙囊壅潍等战例的真实性，大意是说，木罂怎能渡河？沙囊怎能堵水？其实，倒也未必是司马迁虚构，只因黄河已经改道了多次，如今瓶子捆成筏能不能过河，沙包能不能堵水淹人，河就在旁边，试一试就知道了。应该说，实践总在发生变化。成功经验、成功案例，都要结合变化了的实际、针对自己的实情来考量和运用。简单的模仿、拷贝、照搬，必然是刻舟求剑或水土不服，甚至沦为笑柄。实践永无止境，创新永无止境。只有经过实践才能证明老办法、好做法管不管用；只有经过创造性实践才能实现创新性发展。

实践创真知，在发展上下功夫

实践出真知，实践出理论，实践是一切发明创造的源泉。坚

① 叶永烈. 历史选择了毛泽东［M］. 南宁：广西人民出版社，2005.

持实践第一的观点，坚持创造性实践是实现创新发展的唯一途径，是马克思主义认识论的基本观点。邓小平说过，“我们改革开放的成功，不是靠本本，而是靠实践，靠实事求是”“农村改革中的好多东西，都是基层创造出来，我们把它拿来加工提高作为全国的指导”“现在建设中国式的社会主义，经验一天比一天丰富”。屠呦呦提取青蒿素是经过 190 多次反复试验才成功的。当年，有一种“666”农药，就是反复试验 666 次成功命名的。焦裕禄为让乡亲们过上好日子，宵衣旰食，在漫天风沙漫地碱的兰考总结实践创造出多种治沙新招。钱学森执着于“两弹一星”的实践实验实创，实现了让祖国“挺直腰杆子”的心愿，立下了卓著功勋。“问渠那得清如许，为有源头活水来”。实践创出新天地，实践是创新的源泉动力。发展是生存的需要，创新发展是发展的保证。实践是发展的动力，创造性实践是突破式发展的推动力量。这既是马克思主义唯物论和辩证法的基本思考，也是马克思主义认识论基本原理的科学理念。怎么发展？怎么创新发展？是实践问题，也是理论问题；是当代中国的重大主题，也是世界的重大主题。

创新实践新发展理念，在理念创新上下功夫。“当代中国经历了 30 多年高速发展，既取得了巨大成就，又面临一系列严峻挑战，如认识经济新常态、适应经济新常态、引领经济新常态；全面深化改革，跨越‘中等收入陷阱’；实现和平发展，避免‘修昔底德陷阱’；坚持从严治党，摆脱‘塔西佗陷阱’；等等。此外，改善环境、消除贫困、解决发展不平衡问题，也是摆在我们面前的现实问题。”党的十八届五中全会提出的创新、协调、绿色、开放、共享的新发展理念，“正是直面严峻挑战、破解现实难题的有力思想武器：创新发展注重解决发展动力方面创新不足、科技对经济社会发展的支撑能力不足问题；

协调发展注重解决区域发展、城乡发展、经济和社会发展、物质文明建设和精神文明建设、经济建设和国防建设不平衡等问题；绿色发展注重促进人与自然和谐，解决我国资源约束趋紧、环境污染严重、生态系统退化的严峻问题；开放发展注重发展内外联动，解决我国对外开放水平总体上不够高，统筹国际国内两个市场、两种资源的能力不够强，应对国际经贸摩擦、争取国际经济话语权的能力较弱问题；共享发展注重解决社会公平正义问题，让广大人民群众共享改革发展成果。”[①] 新发展理念是马克思主义发展观在新形势下的创造性应用，我们应该创新践行，创新发展。

创新实践解决实际问题，在能力创新上下功夫。20 世纪 90 年代初，时任中央电视台台长杨伟光提出要建成“世界一流大台”和“新闻立台”的理念。为了改变当时电视新闻时效慢、报道面窄、信息量少的局面，杨伟光提出抓三个字：快、短、多。快就是北京晚六时前的重要活动，力争当晚七时的《新闻联播》就播出；各地白天重要活动力争当天播出。短就是以短为主，搞简讯，几十秒一条新闻，一句话一条新闻。多就是汇天下之精华，增加信息量。此外还提出改变新闻结构，减少会议、外事和生产新闻，增加经济、社会和科、教、文、卫、体方面的新闻，提高可视性。为了转变电视新闻传播观念，杨伟光和同事们做了一系列新的尝试，创造了多个第一次：第一次在《新闻联播》里打破常规，把国际新闻作为头条播出，《美国挑战者号爆炸》的新闻放在了《新闻联播》的头条，播了 6 分钟。第一次播放全国人大常委会讨论制定“破产法”实况，用电视纪实的方式报道人大常委会议，打破了神秘感，反映我国民

① 郝立新. 当代马克思主义哲学创新发展的典范［N］. 人民日报，2016-03-30.

主生活的进展。第一次实况录播中外记者招待会，第一次运用滚动字幕播出……理念创新了，实践的效果也就自然显现了。比如，《焦点访谈》由于聚焦社会热点、揭露时弊，收视率一度达到35%，创造了中国电视新闻的奇迹，很快引起了全社会的强烈反响，得到了中央领导和基层百姓的认可。[①] 应该说，创新解决实际问题的实践，是实践精神与问题意识的结合，是社会发展的推动力，是共产党人的使命、责任。

创新实践制度改革，在制度创新上下功夫。中国农村由“人民公社”到“家庭联产承包责任制”的历史性变革，是从1978年11月的一天晚上，18位农民在一份承包责任制的文书上按了鲜红的手印开始的。这18位农民是安徽省滁州市凤阳县小溪河镇小岗村人。这个村1978年以前只有20户人家100多人，是全县有名的穷困村，“吃粮靠返销，用钱靠救济，生产靠贷款”，全村没有一间砖瓦房，茅草屋也破烂不堪，有的穷得全家只剩一床棉被，每年秋后家家户户都要外出讨饭。1978年秋，凤阳遭遇特大旱灾，粮食歉收，不少农户又开始准备出门讨饭。11月底的一个夜晚，队干部召集全村人开会讨论生产问题。最后，他们作出了一个大胆决定：包产到户！昏黄的灯光下，18位农民冒着坐牢的危险立下“生死状”。会议一结束，他们连夜将牲畜、农具和耕地按人头包到了户，拉开了中国农村波澜壮阔的改革序幕，由此载入史册。小岗村实行“大包干”一年就大变样：1979年，粮食总产由上年的1.8万公斤猛增到6.6万公斤，人均收入由上年的22元跃升为400元，不仅结束了20多年吃“救济粮”的历史，而且上缴国家粮食3200多公斤。小岗村的成功震惊四邻，纷纷

① 卢梦君. 央视原台长杨伟光曾拍板开播“焦点访谈”［N］. 东方早报，2014-09-22.

仿效，“大包干”如星星之火，迅速燃遍了中国农村大地。党和国家领导人曾先后莅临视察，对小岗村做出了高度的评价和肯定。[①] 这是一次推动中国特色社会主义制度改革的经典创新实践，是彪炳史册的创新实践。

税收“取之于民，用之于民”是社会主义鲜明的性质。税收是怎样“取之于民”呢？其中少不了税收征管模式的作用。税收征管模式如同产品制造程序一样重要。我国税收征管模式随着经济制度改革和税收法律完善也几经变革。从 1950 年到 1990 年，形象地称为“保姆式”模式，特点是“一员进厂，各税统管，集征、管、查于专管员一身”；1991 年到 1996 年，形象地称为“分离式”模式，特点是“征收、管理、稽查三分离或征收（管）、检查（稽）两分离和纳税人主动申报纳税”；1997 年以来，形象地称为“30 字”模式，特点是“以纳税申报和优化服务为基础，以计算机网络为依托，集中征收，重点稽查”。这“30 字”征管模式的表述，是缘于 1995 年在南宁市国家税务局调研时的启发。当时，看到一个基层征收单位，在同一办税场所，一边是税务窗口、一边是银行窗口。纳税人这边报税，那边缴税入库，实施了电脑办税、税银联网。通过这一实际现象，直观感受到了“自我申报”的法律责任，“集中征收”的便利措施，“计算机联网”的科技支撑。后经国家税务总局讨论又补充“优化服务”的“征税人”义务。这个“30 字”的征管模式，1997 年 1 月经国务院办公厅批转后在全国执行。2003 年根据“淡化管理，疏于责任”的意见，又补充了“强化管理”。实践中发觉“强化”更多是形式，改为“分类”，既符合“属地管理”“集中管理”的实际，又符合模式的内涵

① 杨秀峰.“改革典型”安徽凤阳小岗村如何成为“发展典型”［N］. 经济日报（农村版），2006-03-30.

要求。实践证明，我国税收征管模式的变革，为发挥宏观调控作用提供了制度基础，为落实“聚财为国、执法为民”的税收宗旨提供了有力保证。同时证明，税收征管模式的变革，是“十月怀胎，一朝分娩”的实践创新，是“接地气”、有“灵气”“众人拾柴火焰高”的集成创新，是偶然孕育在必然之中的结果。

实践出真知、实践验真知、实践创真知，永远不会过时。靠实践锻炼人，永远在路上。

后记

党的十九大刚刚胜利闭幕，举国上下掀起学习贯彻十九大精神的热潮。习近平新时代中国特色社会主义思想，引领我们迈进了新时代，踏上了新征程。新时代新征程要有新气象新作为，思想是根本，践行是关键，人是最活跃的因素。习近平总书记指出，“人才是实现民族振兴、赢得国际竞争主动的战略资源”。我们要知与行，更要知行合一，加快建设人才强国，让人才的创造活力和聪明才智竞相迸发、充分涌流。

《自我管理思维随笔》这本书围绕“人”做文章，探讨了人的思想和行为习惯。人的行为及其行为结果，无不受思想、思维、性格、管理、环境的影响和支配。思想的力量在于信仰，思维的力量在于方式，性格的力量在于意志，管理的力量在于科学，环境的力量在于适应。马克思主义哲学告诉我们，客观存在决定主观意识，外因通过内因起作用，所有影响和支配人的各种力量，都要以每个人自我为根本，才能发挥作用。

我从 1996 年 5 月走上国家税务总局副局长兼机关党委书记岗位时开始思考，机关党委书记一般性工作是什么、重点工作是什么、根本性工作是什么。不言而喻，机关党委书记的根本性工作，就是做好机关党员、群众的政治思想管理工作。思想是行动的先导，思维引导和支配人的行为，思维方式不同，行为结果截然不同。思想信仰是基础，思维方式是关键。作为机关党委书记，做好全员管理的前提就是做好自己的思维方式管理，即建立自我管理思维。

管理是一门科学。西方管理学更多关注的是管理他人，相对缺位的是管理主体的自身管理。中国的管理价值观念，则受传统的道德文化影响，把管理看作一门“立人”和“达人”、“正人”和“正己”的学问。孔子说：“己欲立而立人，己欲达而达人。”“立人”和“达人”强调的是自己要立得稳、站得定，自己不立不达，也难以立人达人。“正人”和“正己”强调的是“正人先正己”以及正己首自正，也就是说“正己”是“正人”的前提和基础，管理是始于“正己”而终于“正人”的过程。“先正己”强调的是内强素质、外树形象，实施成功的自我管理，也就是只有先管好自己，才有资格管理他人。“首自正”强调的是不靠外力驱动，而靠自己“君子大居正”的自觉内力，高标准、严要求地管好自己，为他人做出榜样。老子说，“胜人者有力，自胜者强”，就是认为能战胜自己、管好自己的人才是真正的强者。不论“正人”还是“正己”，这其中“正”是核心，以“正”为魂。“正”由“一”与“止”构成，本意是“守一以止”，“守”是守住底线，“止”是止于界限。孔子说，“政者，正也”，政治的全部意义就在于这个“正”字。这就要求我们重视自我修身、自我管理、自我约束，慎独、慎微、慎初。特别是各级领导干部要积极践行“三严三实”，讲党性、重品行、作表率，以高尚的品德和较高的素养、能力，发挥好带头示范作用，管理好整个团队。

我认为，自我管理思维大体分三个层次。一是自立，以立为纲；

二是自正，以正为魂：三是自管，以“正人先正己”、正己首自正为线，具体地落实到生活、工作中的每一个细节。起初，我把对于自我管理思维的认识写了个讲话提纲，在国家税务总局机关党委内部作了一次工作理念、要求式的讲话，也算是讨论交流。1997年夏的一天，在机关党委举办的“组织委员培训班”首次作了正式交流，接着又在中央党校学习期间与同学交流，都同样得到“要稿子”的鼓励。人虽“少许”，但激励动力颇大。可是，这些内容“说”起来简单，但“写”起来真不简单。1998年初调整工作分工，我不再兼任机关党委书记，由于惰性使然，稿子“搁浅”了。直到2000年秋，利用在中央党校学习的业余时间，我在“讲话提纲”的基础上，写了2万多字的“征求意见稿”，题目是《坚持理性思考　把握科学思维　加强以人为本的素质建设》。在征求部分同学对这个稿子的意见时，没想到国家投资总公司王文泽同学“大笔一挥”，批示其公司党委将“征求意见稿”以“学习材料”形式印发下去。当我“埋怨”时，他却说，“虽文字可改，但体系已成”。这“一掌”，“击”得我决心“好好改一改”。遗憾的是，“常立志”的心态却让稿子再次“搁浅”。花甲之后，担任中国国际税收研究会会长，随着“国际税收课题研究”的安排，与几个地方的税务局领导饭后茶余闲聊“带队伍”的话题，个中观点得到他们的认同。为此，曾先后应邀与广西、安徽、河北、陕西等省、自治区的干部进行了面对面交流。随之而来，“要稿子”的鼓励越来越多，再不“成稿”的“负债感”也越来越强。人非木偶，有思维、有情感，就有“旋转”。

“写书是一种遗憾的艺术”。我的遗憾更多。一是“起大早，赶晚集”，书稿断断续续穿越了20个春秋，其中所举事例难免留有旧色，好在事例只是“观点”的“证明”，仅为“自圆其说”而已，期望有更新鲜、更有力的事例共省之、共悟之。二是“写不尽”“终觉浅”“会者不难，难者不会”，我属于难者。洋洋万字，堆积于此，虽数易其稿，但也只是抛块“砖”，期望引来“玉”，期望“人生要论”这类新题材像梧桐一样引来新“凤凰”，共思之、共正之。

写作也像参加一次“马拉松”长跑，沿途有人相助才能顺利到达终点。与其说是成于思，不如说是成于助。没有同事、同学、朋友和家人给予鼓励、期待、帮助，我就没有坚持写下来的勇气和动力。从“讲话录音稿”到“征求意见稿”，得到谢滨、沈剑峰同志的帮助，从“讲话”转到“体会”，得到李春荣、秦川同志的帮助。不能忘怀的是同事、同学、朋友们给予的真情鼓励与帮助。我谨用最普通的两个字表达最不普通的心意——谢谢！

特别感谢家人一辈子的支持。人的一生，以 100% 计算，其中有 5% 是精彩，5% 是痛苦，90% 是平淡。人，要挡得住精彩的诱惑，要忍得住痛苦的考验，在平凡中走完一生。“本来面目长如故”，不是等待，是期待。没有家这个平凡而温馨的爱的港湾，我不知会怎样。但我知道，欠家人的账一辈子也还不清。

特别感谢中国税务出版社领导和编辑同志的真诚相助。创新，是税务出版社稳改制、求发展的鲜明特征。创新精神，激励、驱动了他们，也感染、支持了我，让我实现了“写下来”的心愿！谢谢！

郝昭成

2017 年 11 月于北京